订单流交易

张杰斌　著

地震出版社
Seismological Press

图书在版编目(CIP)数据

订单流交易 / 张杰斌著. — 北京 : 地震出版社,
2020.12(2023.6 重印)
ISBN 978-7-5028-5130-9

Ⅰ.①订… Ⅱ.①张… Ⅲ.①市场交易-基本知识
Ⅳ.①F713.50

中国版本图书馆 CIP 数据核字(2019)第 275737 号

地震版 XM5574/F(5849)

订单流交易
张杰斌 著
责任编辑：范静泊
责任校对：凌 樱

出版发行：地震出版社
北京市海淀区民族大学南路 9 号 邮编：100081
发行部：68423031 68467993 传真：88421706
门市部：68467991 传真：68467991
总编室：68462709 68423029 传真：68455221
证券图书事业部：68426052 68470332
http://seismologicalpress.com
E-mail：zqbj68426052@163.com
经销：全国各地新华书店
印刷：大厂回族自治县德诚印务有限公司

版(印)次：2020 年 12 月第一版 2023 年 6 月第二次印刷
开本：787×1092 1/16
字数：161 千字
印张：10.5
书号：ISBN 978-7-5028-5130-9
定价：198.00 元

推荐序

我从 1967 年起就开始了我的交易之旅，之后一直在这个世界上最危险、活跃度最高的几个市场中搏杀。2007 年和 2008 年可谓是我交易生涯中最为辉煌的两年，然而到了 2009 年，我无论怎么做似乎都大失准头，固然我做到了不亏损，但想要盈利似乎比以往任何时候都更加困难。

我足足花了两年的时间，才发现天网已经接管了我们的交易市场，我不再是之前那位足够精明的交易者，而成为了这场交易游戏中的一颗棋子。高频交易员和算法机器人已然成为现在这个交易市场中的主宰者。但我随后想起了多年以前一位导师曾告诉过我的话——“市场操控者会说谎，也会欺骗，但他们无法隐藏他们在市场中的足迹！”

我一直都擅长阅读和分析纸带机带给我的盘口信息，而现在的我，变得更加关注订单价格的变动。

幸运的是，通过运用订单流技术，我能在庄家操纵的交易游戏中打败他们。通过分析市场操控者留下的足迹，我对自己多年来开发的交易系统仅做出少量的调整后，终于又重新夺回了我在交易世界里的主动权。

在当今的市场环境中，忽视订单流是不理性的行为，甚至可能会导致你葬送整个交易生涯。而《订单流交易》这本书，将帮助你学习与理解订单流相关的宝贵知识。

斐波那契技术之父——乔尔·帝纳波利

2019 年 6 月 5 日

In 2007 and 2008 I had 2 of the most remarkable years of my trading career. That´s saying something, since I have been at this game since 1967, trading the most dangerous markets the world has to offer. Then 2009 came along and everything I was doing seemed to miss the mark. I could manage not losing but winning seemed harder than ever.

It took me 2 years to figure out that Skynet had taken over our markets and I was no longer a cagy trader but a pawn in a game that had been stood on its head by high frequency traders and algorithmic robots. Then I remembered what one of my mentors told me many years ago. They can lie... they can cheat... but they can not hide.

I was always a good tape reader but now I was paying more attention to the flow of prices.

Fortunately, by applying order flow techniques I was able to beat them at their own game. Analysis of the foot prints they leave led me to make relatively small adjustments to my trading style and the world of trading was mine again.

In today's markets ignoring order flow is suicidal and understanding segments of it are what the book *Trading Order Flow* is all about.

Joe DiNapoli Godfather of Fibonacci Techniques
June 5 2019

序

很多人说，当前的中国市场和美国20世纪二三十年代十分相似，庄家横行，小道消息不绝于耳，连交易技术也没有一点进步，江恩理论、道氏理论已经诞生了近百年，蜡烛图技术更是诞生了近200年之久，然而这些内容却是国内大多数交易者的启蒙，有些人甚至深陷其中无法自拔。

都说永恒的才是经典，放在文史哲领域，这确实不假，经典著作惠济苍生，但交易是一场零和博弈，这里更像是一个战场，一个生态系统，弱肉强食，适者生存。古代先贤围坐火炉接受知识洗礼的画面，想想都觉得和残酷的交易市场格格不入。所以在这里，我们需要不断地进化，提升自己，寻找更先进的武器武装自己。

我第一次看到订单流交易，它就带给了我不小的视觉冲击，我迫不及待地看完能找到的所有资料，感觉这个交易理念和国内所有关于交易的方法都不一样，它更像是提供了一种全新的视角，让你更清晰地看到交易的本质。

订单流交易的概念也是最近几年才开始流行的，外国关于订单流交易的解读也在最近两年呈井喷式发展，更是在《期货》杂志上被评为2019年最受欢迎的交易技术。市面上大多数关于交易的书，林林总总，都涵盖了关于交易哲学、资金管理、心态、顺势而为等等，我实在不想在这些内容上多费口舌，因为这些都可以通过大量正确的学习掌握。我更想从科学数据的角度谈谈订单流交易对我们当前交易的指导意义。

我们现在所接触的交易理念，以及众多的交易指标，最后回归到本质无非是价格、K线和成交量，我们将它们以不同的方式组合，去预测阻力、支撑、涨跌幅度。在数据挖掘里有个术语叫过度挖掘，指的是如果给定有限的信息，最终能挖掘的信息也是有限的，想要通过不同的方法挖掘出新的信息最终只能是徒劳。所以，投资者利用各种指标，发现这些指标有时候管用，有时候不灵，进而觉得是自己的指标不行，反复折腾仍不得要领。

这好像是在乱炖一锅粥，不停地搅拌，一次次地尝试舀出一勺来看看味道会不会有所改善，好像只要不断努力，总有一天会熬出诱人的香味，就像找到了圣杯，但本质上里面的食材并没有变化，那为什么我们不尝试加入一些新的食材呢？

订单流就是新的食材。学过经济学的人都知道，驱动价格运动的本质无非是供应和需求，而供应和需求都反映在成交量上，订单流能深度剖析某个 K 线内部的成交量，清晰地看到价格在这个区间的反应，而这些信息通过传统的 K 线是无法做到的。订单流可以搭配任何一项你已经熟悉的交易技术进行使用，让你在原来技术的基础上，更进一步分析当前的市场状况，验证你的交易想法。回归到交易的本质上，你会发现订单流给你打开了一个新的世界。

全球化日渐紧密，我们的市场也在不断地对外开放。交易的世界汇集了全世界最聪明的大脑，2015 年股指期货盛行，来自俄罗斯伊士顿高频交易团队利用近 600 万元的本金，席卷了 20 多亿人民币，他们进入中国市场犹如虎入羊群。这还是被发现的一个典型的例子，谁又知道在中国近万亿的资金池中，存在多少个伊士顿呢？

未来资本市场只会不断地开放。而如今互联网如此发达，先进的交易理念和技法在不断地发展，作为中国交易者更应该拿起先进的武器武装自己，打开眼界，消除信息不对称。

我相信这本书只是个开头，中国人从来不缺乏探索的精神，缺的是好的资源和指路人。

这本书最终能够出版，要感谢美国 Ninjatrader 公司团队的付出，为全球投资者提供优秀的交易平台；感谢法国友人对于 Order Flow 技术开发的支持，让我们领先于行业，走在世界前沿；感谢美国友人 Michacl 对于订单流交易教育体系的贡献，让我们团队以及中国的投资者得到系统学习的机会。

感谢开源智投团队 4 年来默默付出，一路陪伴；感谢我们的 IT 工程师李锦清，感谢杨云飞对书籍内容翻译整理工作。

感谢曾经和现在团队中跟我们一起创业的兄弟姐妹。

感谢《订单流交易》第一版读者对我们的校对工作提出的宝贵建议；感谢来自清华美院的封面设计师小宇，以及清华大学经管学院吴谣博士的推荐。

感谢 Dinapoli 先生和帝纳波利点位交易法的权威曾老师对我们书籍出版的支持推荐。

感谢家人、朋友的陪伴。

T. A. EDISON.

Electrical Printing Instrument.

No. 96.567. Patented Nov. 9, 1869.

Fig: 1.

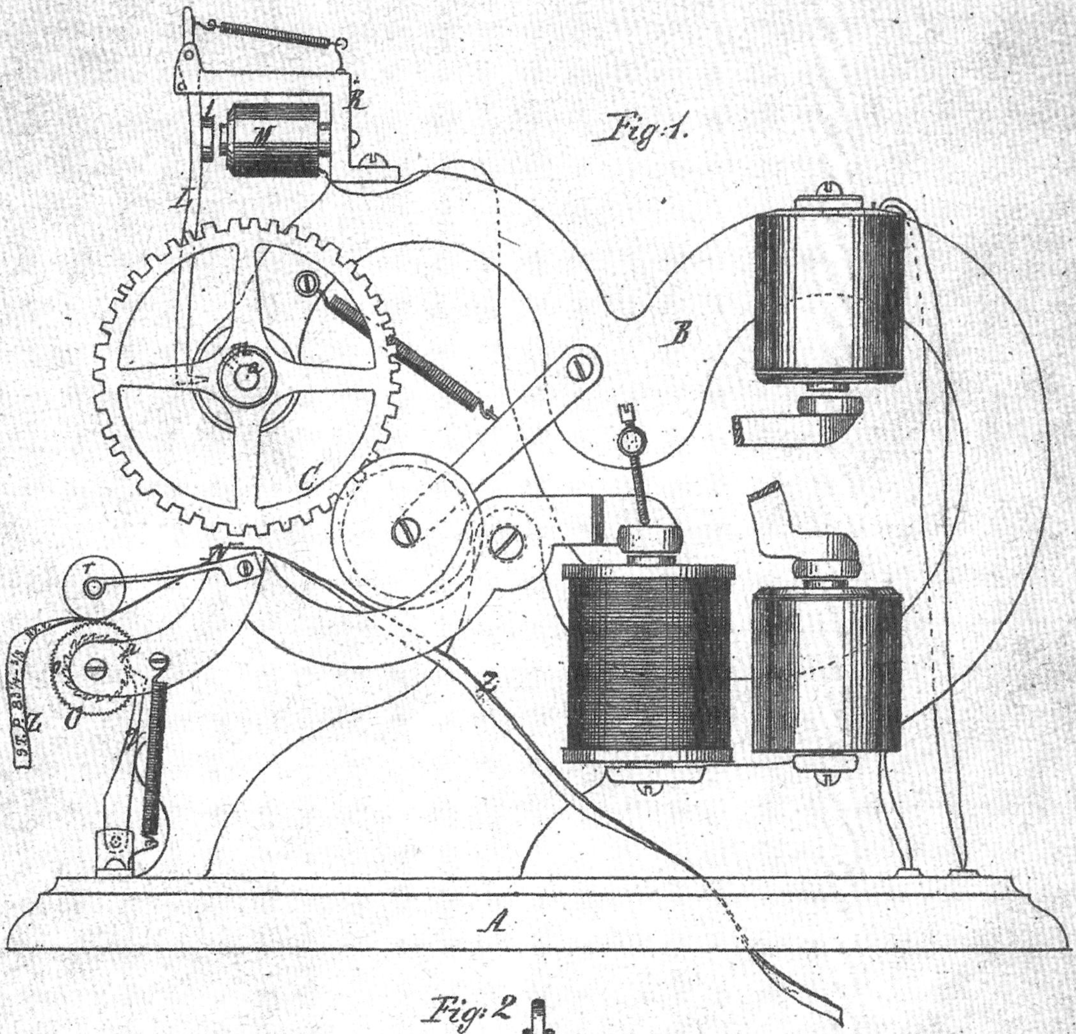

Fig: 2

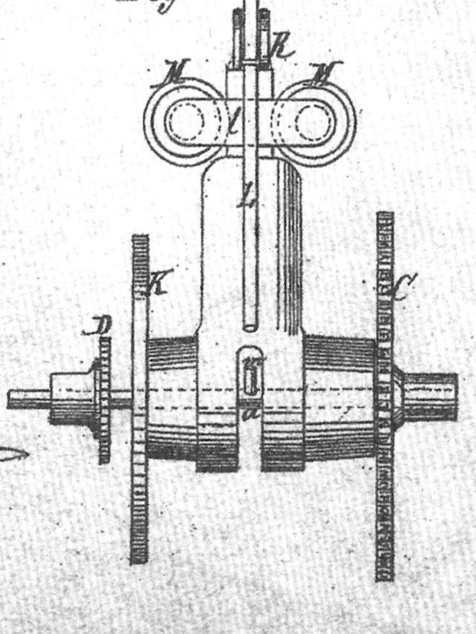

Witnesses.

W. Hauff

R. Laugmeister

Inventor.

Thomas. A. Edison

E. A. CALAHAN.

Telegraphic Indicator.

No. 76,157. Patented March 31, 1868.

Fig. 1.

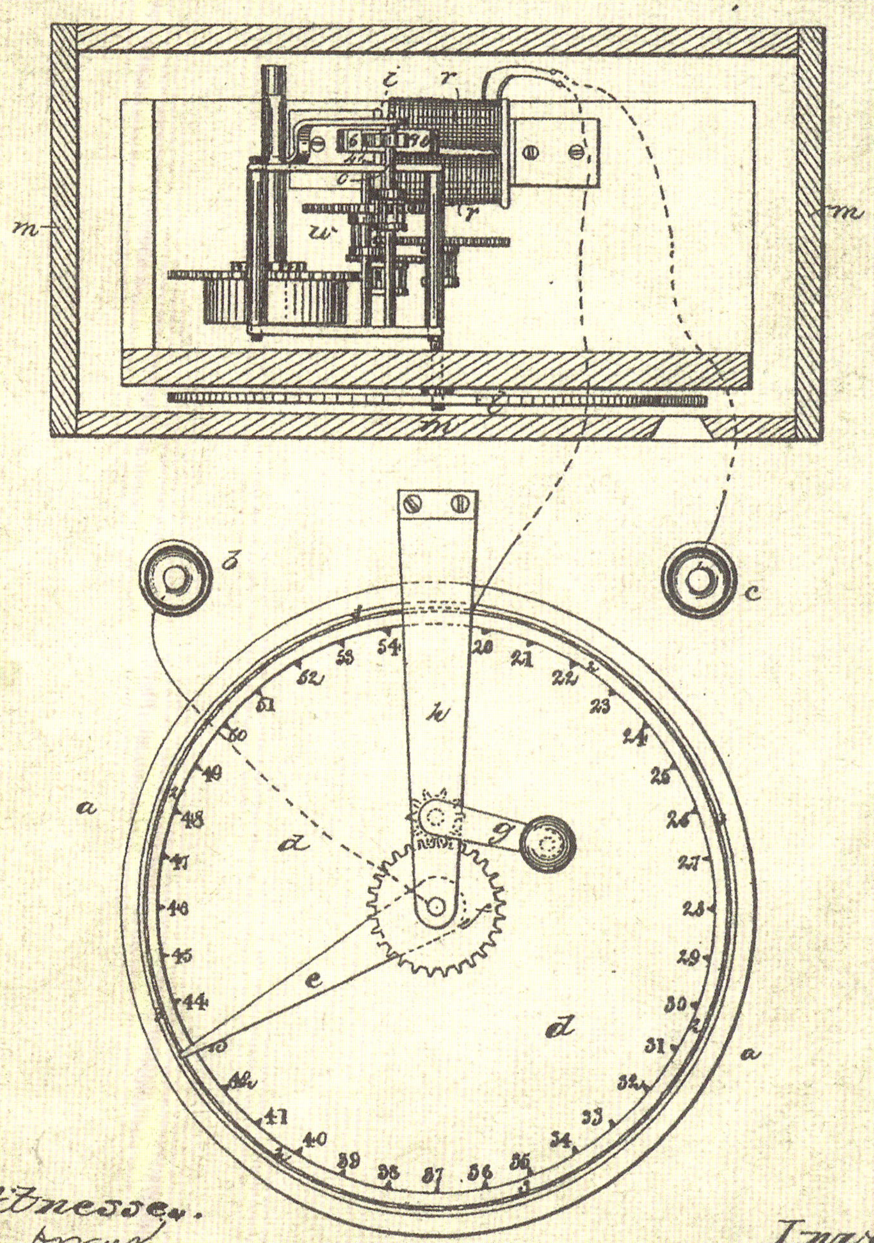

Witnesses.

Geo. D. Walker

Chas H. Smith

Inventor.

Edwd A Calahan

Oct. 15, 1929. H. B. GOODSTEIN 1,731,376

STOCK TICKER

Filed Jan. 8, 1929

Fig. 1.

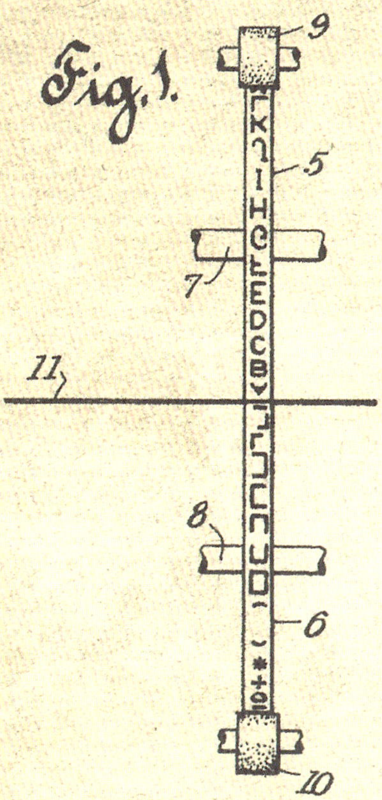

Fig. 2.

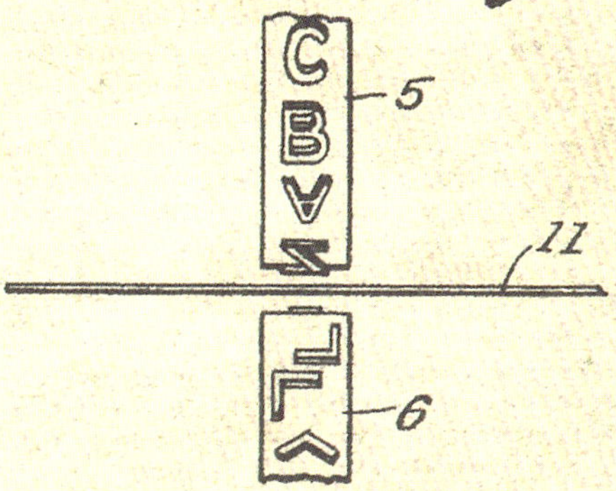

Fig. 3.

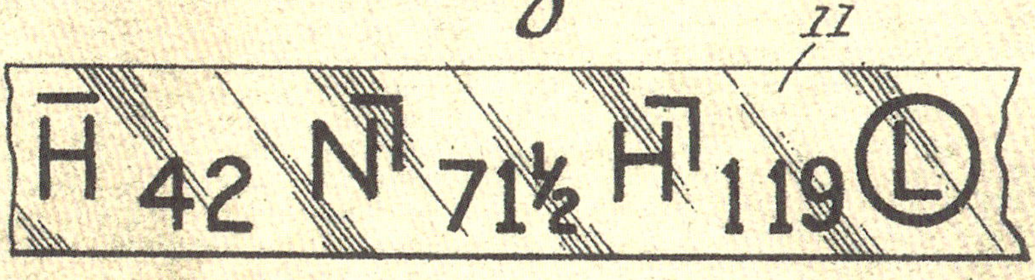

INVENTOR
Herman B. Goodstein
BY J. M. Wilson
ATTORNEY

No. 735,922. PATENTED AUG. 11, 1903.

R. D. WESTCOTE.

TICKER ATTACHMENT.

APPLICATION FILED AUG. 18, 1902.

Fig. 1.

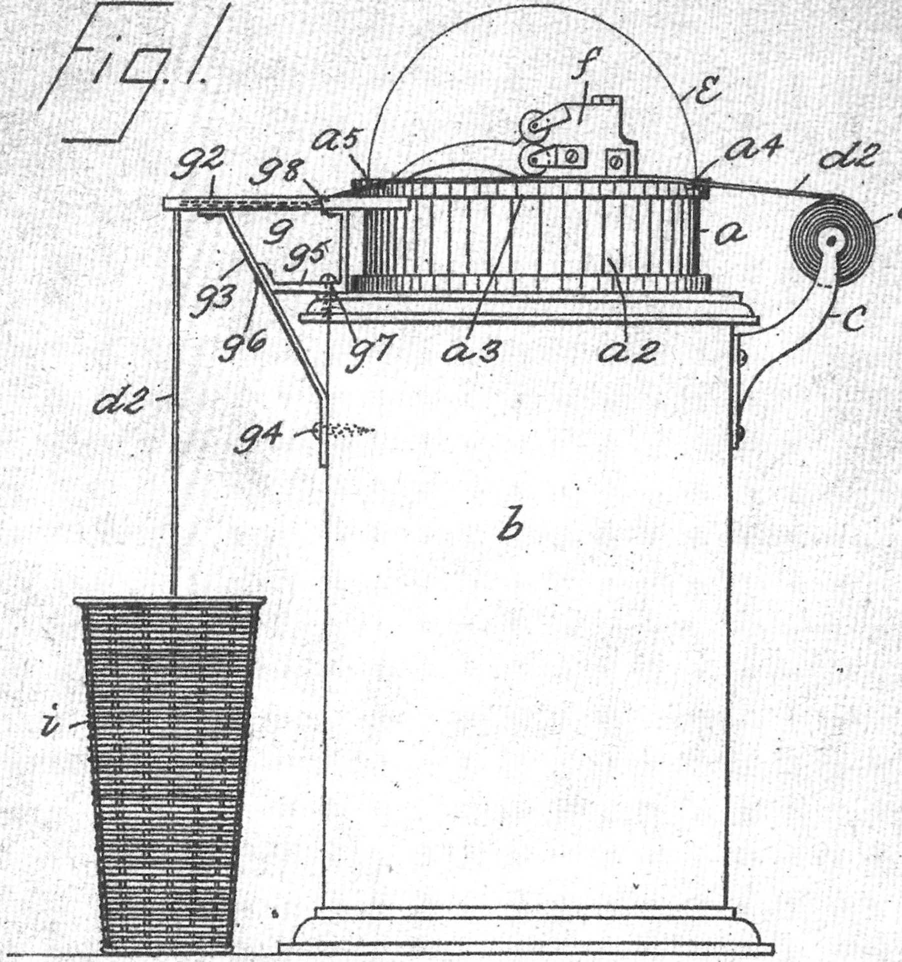

Fig. 2

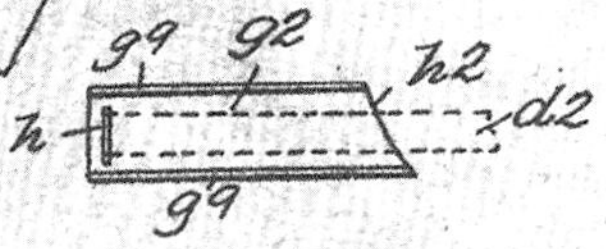

Fig. 3.

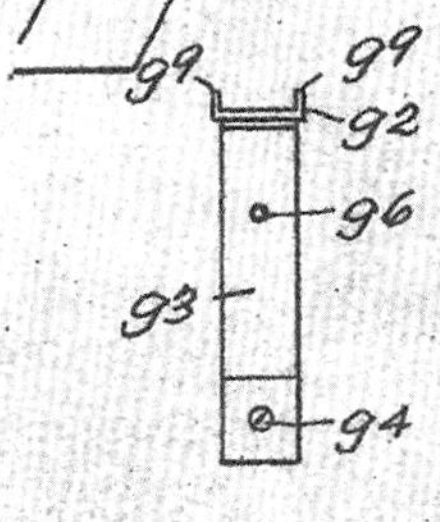

WITNESSES

J. C. Larsen

F. A. Stewart

INVENTOR

Robert D. Westcote

BY

Edgar Tate & Co

ATTORNEYS

目 录

名词解释

下面汇总了书中会出现的常见名词，读者大可不必现在纠结这些名词的含义，这一部分起到了字典的作用，当你在阅读过程中对某个定义产生疑惑，可以再返回这一部分进行查询。

跳：最小波动单位，通常说上涨了几倍的最小波动单位就说成几跳，比如中国股指期货每跳是 0.2 元；螺纹每跳是 1 元；中国平安每跳是 0.01 元。

Tick：交易所的每一次更新实盘信息产生的数据，国内股票市场是快照数据，level1 数据通常为 3 秒变化一次。

主动型买方：某个价位的主动买单远大于主动卖单，表示有很多主动型买盘在这个价位进场。

主动型卖方：某个价位的主动卖单远大于主动买单，表示有很多主动型卖盘在这个价位进场。

被动型买方：委托限价买单，等待主动型卖方出现并与其成交的交易者。

被动型卖方：委托限价卖单，等待主动型买方出现并与其成交的交易者。

顶部主买比率（全称顶部末端主买量比率）：

顶部次高位价格的主买单数量/顶部价格的主买单数量

底部主卖比率（全称底部末端主卖量比率）：

底部次低位价格的主卖单数量/底部价格的主卖单数量

根据比率的大小，需要重点关注两种极端情形。

微单（Single/small prints）：在一根 K 线的顶部价位主动买单明显小于低一档价位的主动买单，或者在底部价位的主动卖单明显小于高一档价位的主动卖单，顶底的微小成交，经验比率为大于 28。

大单（Large prints）：在一根 K 线的顶部价位主动买单明显大于低一档价位的主动买单，或者在底部价位的主动卖单明显大于高一档价位的主动卖单，顶底的大量成交，经验比率为小于0.699。

需求失衡(过量)：根据拍卖理论，斜对角价位进行对比，某个价位主动买单数量远大于低一档价位的主动卖单数量，表示多头力量强势，本书中比值通常设为3∶1。

供应失衡(过量)：根据拍卖理论，斜对角价位进行对比，某个价位主动卖单数量远大于高一档价位的主动买单数量，表示空头力量强势，本书中比值通常设为3∶1。

堆积失衡现象：表示某个价格区间出现了连续的需求失衡或者供应失衡现象，更能体现这个区间某一方力量的碾压性优势，本书中判定连续三个价位出现失衡现象则构成堆积失衡现象，通常视为形成阻力带或支撑带。

被套交易者：顶部价位处主动买单成交量显著放大，表示出现大量在上涨趋势的末端买入的交易者，即被套多头交易者。底部价位处主动卖单成交量显著放大，表示出现大量在下跌趋势的末端买入的交易者，即被套空头交易者。价格向被套交易者预期相反的方向运动，使得他们处于十分被动的地位。

Delta：按照斜对角对比的原则，K线内部某个价位Delta定义为主动买单量-主动卖单量。在一根K线中的Delta是指主动买单总量减去主动卖单总量。

吸收：价格原本处于趋势当中，当运行到某个价位出现大量被动型交易者吸收推动趋势运行的主动型交易者的订单，趋势停止，表现为K线Delta值在零值附近波动，成交量放大，趋势停止并在某个价格区间震荡。

主动出击：价格在区间运动中，在某一方的带领下率先突破区间。

POC：K线内部的所有价位中买单和卖单成交量总和最大的价位。

被套交易者出现强调，顶部或底部有大量交易者在趋势的末端买入，随后价格往相反方向运动，使得趋势最后加入的投资者十分被动，恐慌并放弃自己的头寸；大单和微单强调的是顶部或底部第一档和第二档成交量的相对关系；需求失衡和供应失衡强调的是某个价位主动买单成交量和主动卖单成交量的相对关系。这些概念互不冲突，可以在某个时间同时出现，如果某个价位同时出现了 2~3 个交易信号，这无疑更具有说服力。

介绍订单流

我的英文名叫 Mike，自 1994 年起我先后任职于 JP 摩根、德国商业银行、嘉吉商品交易贸易公司，并当过一段时间的自由职业者。我在投资银行的经历教会了我如何从市场之外获取信息，并将这些信息转化为盈利的头寸，通过从市场的蛛丝马迹中找到最佳的收益风险比的点位。在嘉吉交易商品贸易公司工作的经历教会了我探究用户的想法，为我在期货市场上建立有利的仓位打下了基础。当我为自己工作时，我学会了判断收益和风险的相对大小。我不会试图抓住每一次价格的随机波动让自己盈利，我只是寻找所谓的“最小压力点”，也就是用最小的可能损失博取最大的上涨空间，我生活中的压力已经够大了，我不希望交易为我再浇一桶冷水。

不同于传统技术分析中仅仅看 K 线的价格走势，订单流通过统计每一个精确价位的主动买单量和主动卖单量，通过图表的形式呈现在眼前，用以判断价格的走势。它的价值在于，每当市场的顶部和底部得到市场行为的确认，订单流总能立刻侦查到。运用它可以观察市场上的供需力量变化，窥探市场情绪和投资者的心理。

以下是订单流的图表和传统 K 线图表的对比：

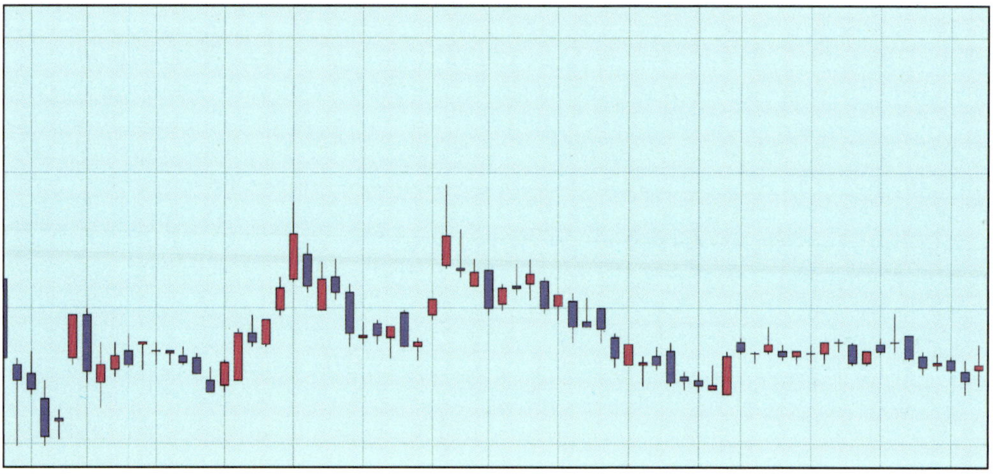

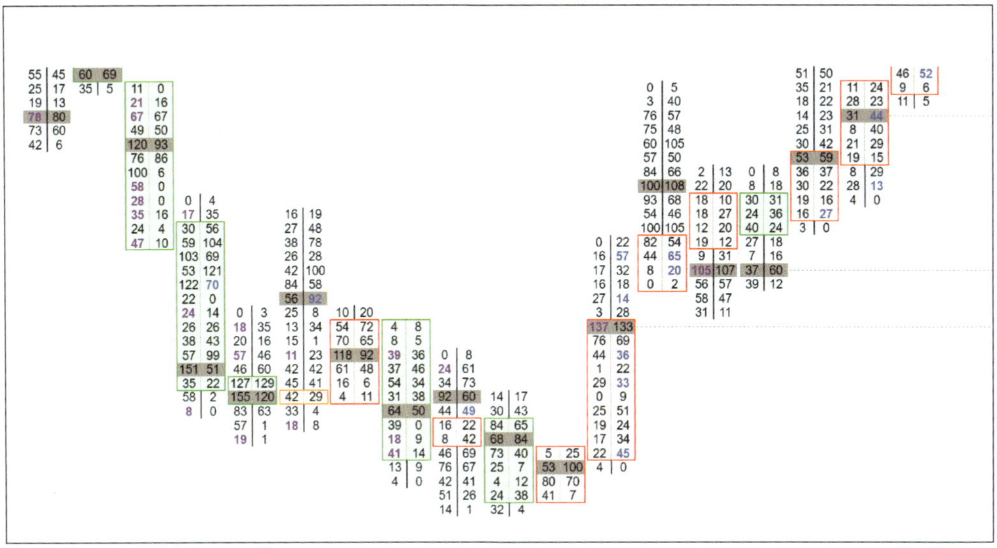

传统的 K 线只展示特定时间的开盘价、收盘价、最高价和最低价。它不会展示在每一个精细到一跳的价位有多少的买单和卖单，从而也无法反映出需求和供应的力量对比，而这些都可以从订单流的图表中得到答案。

初入资本市场的投资者，总试图找到传说中的圣杯，它类似于一台印钞机，不断地从市场中取钱。他们不断地尝试各种指标和均线，坚信总有一个神奇的指标冥冥之中就在前方等着自己。然而，市场的行为不是由指标决定的。市场中没有什么是绝对的，要成为一个成功的投资者，唯有更加努力地学习，做好仓位管理，不断地总结和吸取经验教训。最重要的是要有铁一般的交易纪律。

就像以前的炼金术渴望将普通的金属炼成价值连城的黄金一般，众多精通于数学和 IT 的人才，试图总结一个指标预测市场的趋势。我担心当我说出市场不遵循什么公式的时候，道氏理论和艾略特波浪的爱好者要一齐拿起石头砸我了。

百年以来，在交易的领域似乎没什么变化，变得唯有计算机的发明使得信息以更快的速度传播。投资者还是在盯着开盘价、收盘价、最高价、最低价和成交量的数值，一如以往。当然，20 世纪的投资者还会阅读行情纸带，用现在的话说，就是盘口数据，或者订单流。而计算机帮助我们能够更好地收集这些订单流数据，并进行整理和分析。

日本有句老话，询问市场关于市场中的一切。这意味着，我们应该从价格行为中辨别出市场到底想告诉我们什么，而非被浩如烟海的互联网上的信息所蒙蔽，不论是从技术面还是基本面。当市场处于强烈的震荡走势时，一个分析师或许能通过总结这些基本面信息，判断出未来的长期走势，但他们无法避免市场短期走势带来的波动风险。长线交易者同样需要知道如何辨别短周期中的市场行为。

并非只有散户不关注价格行为，一些大的对冲基金同样不关心市场的价格行为隐藏的信息。在克莱夫资本的事件中，基本面一切向好，技术面也同样昭示着如此罕见的牛势，价格运行在 5 倍通道的布林线之上，看似价格的上涨已经无法阻挡。

克莱夫资本是世界最大的商品对冲基金，而上一周他们在石油市场亏损了将近 4 亿美元。克莱夫资本坐落于伦敦，管理着将近 50 亿美元的资金，在这次突如其来的暴跌之前，他们几乎是最大的对冲基金。在寄给金融时报的邮件中，克莱夫资本负责人说，他们的资产在过去一周，由于石油市场突然的下跌已经亏损了接近 8.9%，而当时基本面和技术面都没有任何问题，谁也不会预料到这种情况的发生。

订单流能够帮助到克莱夫资本吗？我不清楚。我唯一坚信的是当我看到一股青烟，我会寻找火源，如果确实有火，我会撒腿就跑，我不会坐以待毙直到丧命。

我知道你想说什么，你想说巴菲特说过“在别人恐惧时我贪婪，在别人贪婪时我恐惧”，时刻保证不要被群众的思维所影响。这确实是个真理，当预示着市场情绪的信号已经摆在你眼前，我们总是需要警惕。这就像如果你是个美国人，你在伊拉克旅游时听到当地居民在颂唱着“该死的美国人”的小曲，你最好立刻离开这里。虽然这是个稍显极端的例子，但我希望你明白，如果市场告诉你该离开了，那你就应该这样做。

May 8, 2011 11:00 pm

Commodity hedge fund loses $400m in oil slide

By Sam Jones in London

Share Author alerts Print Clip

Clive Capital, the world's largest commodity hedge fund, has been left nursing losses of more than $400m as a result of the collapse in the price of oil last week.

London-based Clive – which manages an estimated $5bn of client money – is the biggest of several large hedge funds believed to be reeling after the unexpected sell-off hit markets late last week.

Others, including Astenbeck Capital, the Phibro-owned fund run by Andrew Hall, are thought to have taken double-digit percentage point losses to their portfolios, according to investors.

The scale of the losses demonstrates that even the savviest investors in commodities were wrongfooted by the correction, one of the sharpest one-day falls on record.

In a letter sent to investors on Friday and seen by the Financial Times, Clive said it was down 8.9 per cent on the week after what it called "extraordinary" price movements on Thursday. Clive's management said it was at a loss to explain what had caused crude oil markets to be "annihilated".

Clive's letter said: "The move in Brent represented about a 5 standard deviation move, while WTI was a 4 standard deviation move". A five standard deviation daily move is an exceptionally rare event.

"Economic data were soft early in the week though micro news for oil continued to be bullish. Indeed there was news out earlier in the week of further supply disruptions in Yemen and a substantial technical supply outage in the UAE," the fund said.

More

ON THIS STORY

In depth Hedge funds

Oil leads commodities price plunge

Hedge funds gain on Libya turmoil

In depth Oil

IN COMMODITIES

Oil at 6-year low as commodities tumble

US crude oil prices dive below $40 a barrel

Gold regains haven allure in equity rout

Crude' losing streak nears milestone

Sign up now

FirstFT

FirstFT is our new essential

订单流本质上并不属于任何技术分析流派。技术分析总是在价格走出来后，通过各种图表进行分析预测，它的理论依据是当前的价格反映了所有的市场信息。问题的关键在于，市场价格并不仅仅包含着固有的供需信息，还包含着人们对未来的预期。订单流是一种动态、实时的观测市场演化的分析方法。它的独一无二之处在于，通过市场自身走势，我们能清晰地看见谁在控制着市场。

订单流的关键要素是价格，以及每一个主动买单量和主动卖单量。当这些信息经过整理，呈现在你眼前的时候，你就能很清晰地看出市场中的强弱关系。每一次价格的上涨和下跌都取决于供需双方的共同作用。传统的技术分析并不会提供精确理解、分析供需力量的方法，而订单流能教会你剖析供需的平衡，告诉你谁在控制着市场，哪一方已经做好了准备。

价格是供应和需求的函数，而供需受投资者情绪的影响。市场的趋势源自人们对未来价格的预期，而传统的图表是无法做到精确衡量和反映市场情绪的。

订单流让投资者能以最快的速度读懂供需关系。通过不同的价位中主动买单量和主动卖单量对比，我们可以知道趋势是否延续和反转，知道成交量中隐藏着多少野性的冲动。

过去将订单数据用于分析是很困难的，而如今，信息技术的发展和交易所的制度为每一个愿意学习的人提供了理解和运用订单流的机会。

在一个大的趋势开始之前，机构永远是最先行动的，因为只有他们有足够的资金和实力给市场的上涨引燃第一把火。过去场内交易所还存在的时候，当机构的大单被执行，人们总是会疯狂地追随。如果一个大额的订单进入市场，人们会揣测是否这将带来一波趋势。如今已经不存在场内交易了，你也无法看到人们尖叫着买卖的盛况，一切都实现了电子化。电子化的交易是匿名且无声的，我们无法亲眼见到主力的交易行为，因此我们需要依靠走势图解读主力足迹的能力。

为何交易中损失的交易者达到95%，失败的交易者大部分基于指标交易，如RSI、MACD、MA等，而这一切都源于价格。那为何不直接深入价格内部来看市场参与者的反应呢？同时，我们要清楚失败的交易者的亏损正是你的盈利来源，市场本来就是弱肉强食，适者生存，这是最符合自然法则的地方。要达到这个目标，你需要成为那剩余5%的交易者。

大多数交易者相信他们可以依赖一个公式盈利，这个公式在过去二十年有优异的表现。然而，他们忘记了市场并不是由这些公式驱动的。

你不需要有一个应用数学的硕士学位再来学习如何发挥订单流的功效，即使金融学的专家也未必知道答案。订单流仅仅是一个工具，用来帮助投资者作出正确的决策，侦测高低点的强弱，判断卖单和买单的侵略性。

还有些投资者相信他们可以把钱交给一些所谓的黑盒子——程序化交易系统，然后坐着等钱自己慢慢流入账户。他们相信买入一些市场上明码标价的策略能实现稳定盈利。事实上，他们并不想通过自己的努力，掌握一个真正合格的投资者应该掌握的技能。

投资者必须明白什么是做交易和买卖。我的意思是，前者是一种职业，需要相关的职业技能，需要你掌握如何解读市场，解读市场预期、价格行为。如果你和一名资深交易者交流，他告诉你最新的指标、均线等，记住这不是做交易。

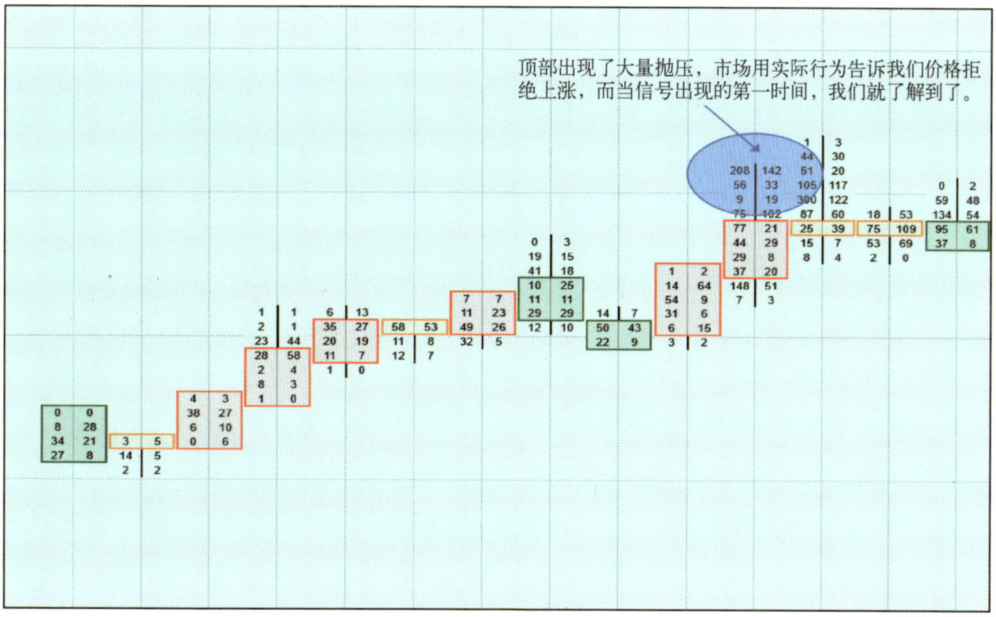

一次成功的交易到底是怎样的？观察市场行为，采用合适的方法使得你比大多数交易者掌握更多的信息，更加智慧，这其实没有

想象中的那么困难。在局势对你最有利的时候走上牌桌，而订单流给你提供了识别这些优势的机会，它的好处在于你不必进行 Tick 级别的分析，而只是看一根 K 线形成之后的总体状态。

客观认识自己的思维和交易方法尤为重要。在任何一个时刻，市场上都有成千上万的人盯着，寻求最佳的获利点位，你不需要一个魔法水晶球告诉你他们具体什么时候交易，你只需要提前他们一步入市就足够了。

或许时间会给我狠狠的一巴掌吧，但我确实怀疑为何大的对冲基金总是喜欢雇用拥有数学硕士学位的这些高材生。我们并不需要一个博士学位才能开始思考市场是如何运行的。我总是认为，交易和众多职业一样，需要的是知识的积累，市场并非总是如预想中一样运行。

期货交易和一门生意一样。人们总是羡慕那些动辄上亿元的利润。大多数交易只有一个目的——赚钱。成功的交易者往往有商业计划(交易计划——何时入场、出场)预算(本金)、运作计划(资金管理)，以及最重要的交易纪律，并用铁一般的纪律执行自己的交易计划，并获取利润。他们能认识到哪一天是属于他们的交易日而哪一天需要隔岸观火，他们知道何时应该静静地等待机会出现，何时露出自己的獠牙。明天又是新的一天，市场在工作日永远运转，而成功的交易者心中有属于自己的市场开放时间。时机成熟时，他们进场收割；时机未到，他们静静等候。成功的交易者的行为模式和世界上所有成功职业人士的模式相同。

作为交易者，我们都想赚大钱。我们看 NBA 比赛时，都希望像乔丹或者詹姆斯一样得到一年 2000 万美元的年薪。事实上，这些人是他们领域的顶尖人才，如果低一个层次呢？比如雷阿伦，一个著名的 NBA 三分射手，他同样能获得 300 万美元的年薪，他总是能精准地命中三分。看吧，他虽然只精通一件事，但他将其做到了极致，因此他成为了这个领域的专家。交易也是一样的道理，掌握基本理念，在一个方面做到极致就足够我们获利了。

每个母亲希望孩子长大成为一名医生。为何？因为他们知道医生能赚大钱，但我敢肯定医生中赚钱最多的一定是在某个领域达到顶尖的专家，如心脏科或脑神经科。事实上大多数领域都可以通过不断钻研赚到大钱。

然而大多数交易新手不愿意花时间成为交易领域的专家，他们总是在亏钱后寻找下一个更优异的指标。他们主观地认为自己似乎掌握了价格的一切，事实上他们并不了解市场，他们也不曾花时间去了解市场，探究是什么推动市场的上涨。

散户总是致力于寻找最佳的指标组合，构造完美的交易系统。专业的交易者从不依赖指标和繁杂的图表帮助自己作出决策。

国际政治、货币政策、经济报道、外部经济压力都是驱动价格运动的因素，这些事件是无法由一个震荡指标或均线来刻画的。因为均线和这些指标总是具有滞后性，了解订单流，当这些事件发生时，你就拥有了先发优势。

如果我达到了写这本书的目的，那我将带领你去到一个全新的领域，这个领域大多数交易者都未曾涉足。但是路要一步步地走，在接受新观点之前，请确认你思考清楚自己的所作所为，并乐于接受新的观点。

对订单流的介绍就到这吧，让我们深入问题的核心，学习如何运用它成为一名盈利的交易者。

订单流的威力

订单流展示了市场参与者的心理，多空双方的博弈过程。没有任何形式的分析方法能向你如此清晰地展示市场上买卖双方力量的对比大小。

初入资本市场，人们总是花大量的时间在寻找神奇的交易系统，一个在回测中达到80%胜率和3∶1盈亏比的系统。然而当他们真正用在实盘当中，却亏掉了自己的本金。他们认为市场是符合逻辑的，然而市场往往是情绪化的。投资者的情绪决定了他们的操作，不是数学公式。一个市场不会因为RSI显示超买而立刻掉头，牛市只在供应吞没了需求，多头力量消散时结束。

机构交易者选择站在市场主要力量的一边来获取利润。这些交易员任职于银行、基金、大公司或政府。他们承受不起连续的亏损的后果，因为这会让他们失去工作和安逸的生活。有时他们会掌握一些公众无法接触到的内幕信息。这让他们能够提前预知趋势的来临，并开始暗中吸筹。他们并不依赖于技术指标或者黑盒子——程序化交易系统。他们的黑盒子正是聪慧的大脑。那什么是订单流呢？订单流能够让这些主力的订单的流量变得可以侦测和识别。这让掌握订单流的交易者总能够先人一步。

订单流避免了交易中的随意性。某些交易者或许会依赖于长短周期均线，然而这背后毫无逻辑。为什么21天的均线就好过20天的呢？这些参数不过是拟合历史数据，让回测结果显得好看罢了。我们都能看到MACD在走势顶点发出卖出信号，在走势底部发出买入信号，一切都是如此完美。但是震荡市场呢，MACD不断地发出买、卖，买、卖，令人捉摸不透。订单流帮助你甄别出震荡市场，有效规避风险。

订单流帮助我们作出精确的交易抉择。市场健康上涨的时候，赚钱似乎显得很容易，但市场并不总是如你所愿。趋势总是走走停停，甚至掉头。大多数指标都滞后于价格，当市场行为发生变化，你必须尽快适应它。订单流展示的是市场当下发生的一切，因此你可以在机会出现的瞬间抓住它！订单流同时展示了趋势掉头的原因，它预示着多方或空方是如何凭借碾压的力量战胜对手的。

订单流同时提供了一个客观的工具去衡量风险。每一本有关交易的书总是会提到：截断你的亏损，让利润奔跑。基本面和技术面的交易者总是不断努力，探究何时截断亏损。没有任何技术指标能告诉你在某个点位你是否应该截断你的亏损，而市场走势变形时，订单流能精确地告诉你应该立即离场了。

订单流让我们的交易更加合理，不用带入更多的情绪和压力。所有人都在寻找低风险入场点，但是我们寻找的是“最小压力”点位。我们压力已经够大了，为什么要让交易给我们徒增压力呢？订单流会告诉你什么区间你应该积极入场，什么区间这笔交易应该平仓。

生活中的订单流

不做交易的人总觉得交易是黑魔法，只有掌握了内部信息的人才能玩转它，如果你试图向他们解释订单流的概念，他们会认为你是传播法术的巫师。其实现实中，我们每个人都是订单流的交易者，只是很少有人意识到。我们在每一天的生活中，都会面临如何评估一个决定是否值得去做的问题。我们会根据油价波动决定是否要加满油箱，以及是否要买某个价位的手机，事实上，我们做的一切决定都源于它的成本和我们对它的渴望程度。

当你和汽车销售商交流时，你自己心理已经有计划，你心里清楚自己的预算以及什么价位会让你占到便宜。销售商也知道他能销售的最低价位。你们两人来回博弈，直到达成了一个令双方满意的价格。交易双方中总要有人妥协，不论是你提高预算，或是销售商降低心理价位。

女人并没有意识到，在买衣服的过程中，是她们的喜好决定了市场的走向，而这也让她们成为最佳的受益者，因为时尚业的运作和交易如出一辙。时尚风向标总是在变化，衬衫变短，某种材质的衣服变得流行，或者是颜色和风格的转换。时装店必须时刻留意市场的喜好，以便存储足够多的热销商品，卖出高的价格。而不再流行的款式，他们就必须降价销售了。如果一个时装店既不关注市场喜好的转换，又不对已经过时的产品降价销售，那等待它的只有破产一个结果了。

人的体温也是不断波动的，但大多数时间处于 36~37 摄氏度。通常早上体温会达到最低值，到下午体温会达到高峰。很多因素会让你的体温超出正常的范围，如运动、吃东西、喝酒或者是感染病毒。如果体温超出正常范围后很长时间都没有恢复正常，你就会意识到你身体不适。

市场也是一个道理，只是把体温转换成价格。价格如果过高，这通常意味着市场处于不健康的状态。如果外部的因素出现并影响市场，市场价格就会波动，和你的身体出现同样的反应。

然而，多云的天气并不总是意味着接下来会有暴雨，太阳的出现也不总是意味着今天是温和的一天。预测天气需要知道现在所处的时节、大气压等。市场也是一样的，出现在技术指标上的信息并不总是反映接下来的走势，基本面的分析也并不能直接引导价格，你只能通过自己深入市场内部去观察当下正在发生的事情，来作出正确的交易决策。

订单流软件

市场上提供订单流图表的服务商有很多，所有的软件我都体验过，价格从几百美元到几千美元不等。最令人困惑的是竟然真的有人愿意花几千美元或者更多的钱来买一个图表软件，他们认为拥有这些昂贵的武器，他们就无往而不利。看到他们官网介绍上的平滑的资金曲线，谁又不心动呢？谁不想每天只交易两个小时，日入上千美元呢？如果有人能保证我这份收益，我会毫不犹豫地购买，但令人遗憾的是，交易的世界，没有什么是能够保证的。

我根据自己对订单流的理解，筛选出所有对交易者最重要的信息，构建了订单流插件。三年的时间，我通过它做了无数笔大大小小的交易。我也交易过数量巨大的订单，我深知这种订单对市场的影响。我也知道被套的感受以及草草收场的感受。有很多市场的错综复杂的行为，而当下的订单流软件无法察觉到这些行为并对此合理地解释。我找到了一个 IT 工程师，向他阐述我的想法，我们共同打造了现在的订单流软件。

在构思这个订单流软件的时候，我希望这个指标能自动地将一些提示信号显示在图表上。订单流的魅力在于它能适用于任何时间框架、任何价格区间、任何成交量区间、这只需要我们设置一些参数。

订单流的分析方法可以单独使用，也同样可以和其他交易方法结合。

我执意要保证整个图表的干净整洁，不掺杂别的元素，这有助于我们排除干扰。

这个插件运行在 NinjaTrader8 的交易平台上，选择 NinjaTrade8 是因为无论对个人投资者还是机构投资者，都是非常专业的交易平台。

我的图表数据来自中国的数据提供商 Ostrader，他们提供中国期货与股票市场的精细 Tick 级数据，可以完美地构建订单流的图表。

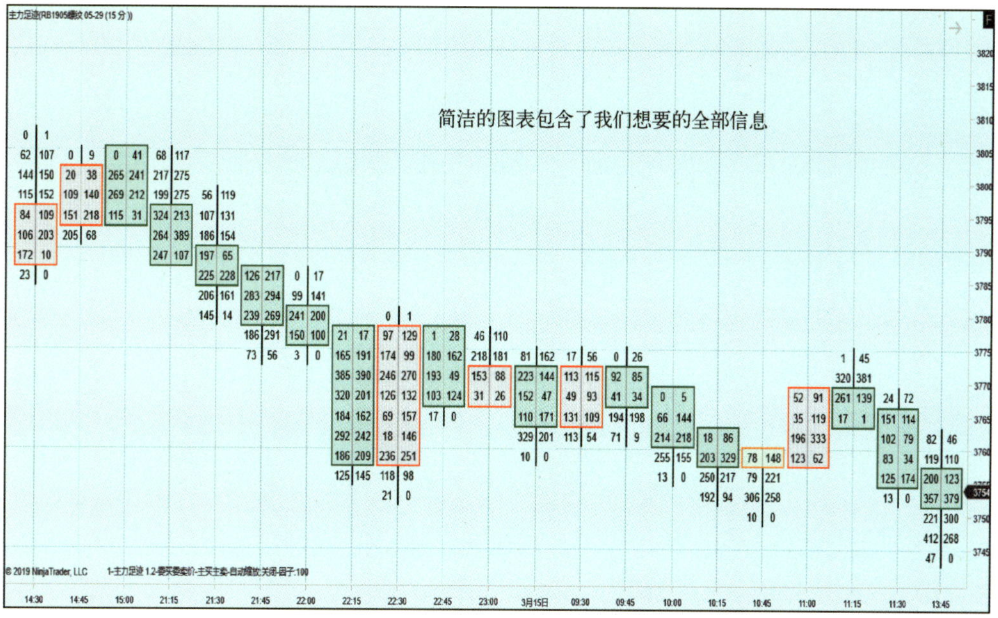

理解订单流

一个机构交易者，如一个对冲基金想要做多2500手的大豆，他们不会直接下2500手的交易指令，他们必须思考这样一个大的订单对市场造成的冲击。他们有很多方式可以降低冲击成本，但我们总有办法看穿他们。订单数据总是能显示他们的行踪，而这一切从订单流图表上我们都可以察觉到。

订单流的价值不在于精准预测顶部和底部的位置，而是在市场顶部和底部形成时得以快速确认，感知市场的情绪，抢占先机。

如果深究市场内部结构，其实无非供应和需求，双方博弈造成了价格的涨跌。价格并非由数学公式驱动，只有当供需力量悬殊时，才会产生趋势。指标的滞后性让我们无法在最佳的点位入场以及平仓。

造成市场反转的原因有些复杂。当市场上最后一个买方买入或者最后一个卖方卖完后，市场方向开始转变。当价格处于相对低位，大的机构就会进场并在低位吸筹。相反，当价格已经过分高估，持有者争先抢后地在高位出售。有时候这些情况在悄悄发生，你却不相信，而订单流会告诉你一切。

我用订单流去理解市场行为。我尝试去理解市场参与者的仓位情况，试图揣摩他们的交易心理。他们是多方还是空方，对主力而言，这个价格是高估了还是还有上涨空间，是否有人尝试推动价格上涨，他们成功了吗？这些问题都能通过订单流回答，用成交量这个武器，我们可以侦测到供需的不平衡。

运用订单流交易属于主观交易的范畴，当然我们也能用程序化交易实现。我们需要寻找的是重复发生的规律。它们可能不完全相同，但背后的核心逻辑是相同的。强势的需求入场了吗，顶部是否预示着需求的疲软？

订单流让我们识别不断重复的价格行为。资金是如何在市场上流动的？价格走势永远不会重复，掌握如何阅读市场行为可以帮助我们评判当前市场的状态，并对之后价格行为有初步的观点。买卖双方之间总是不断地斗争。多头希望价格走高，而空头希望价格下跌。所以你需要问问自己“哪一方在控制着市场”？市场总是给出相应的线索。通过观察订单的流动，我们可以知道谁控制着市场。

我用订单流的方法已经交易三年了，我相信这个概念会继续应用直到20年，甚至100年以后。价格处于低谷状态，人们开始买入，底部就此形成。价格被高估，人们开始抛售，顶部就形成了，万变不离其宗。

订单流同时还让我们掌握保持空仓的能力，如果没有足够的理由，我们是不会入场的。它让投资者能够同时观察买卖双方的行为，在不同层次的价位流入市场的主动买单和主动卖单的对比。通过这个，我们比一般交易者对供应和需求理解更深。

我认识很多有场内交易经验的人，有些人告诉我他们对市场情绪已经形成了一种直觉。或许这是真的吧，当还在场内交易的时代，我们总能通过人们尖叫声音的分贝和来回闪烁的交易信号判断。不幸的是，现在，一切都是通过网络进行交易。我们无法再直接地感触市场的情绪了。即使我想要再次重拾这种直觉，遇到的困难也比想象中要多。

然而，即使在电子化交易的现代，我也坚信所有人都能学会“阅读市场”，何时力量在延续，何时力量已经枯竭，何时底部和顶部是坚固的。

顺势交易是盈利的核心。在涨势中做多，在下跌中做空，听着似乎没什么难度。然而很多人都亏钱，因为他们总是逆着市场行为进行交易。订单流能告诉你市场的方向，如果订单流告诉你市场准备上涨了，大胆买入吧；如果它告诉你市场要掉头了，立即出场，或者反手做空。

订单流能用在任何拥有足够流动性的交易市场，不同的市场有不同的交易策略。如果市场本身具有很强的波动性，变幻莫测的成交量，如货币期货，那一定有它们的价格特性。如果是低波动性的价格，却伴随着高的成交量，如利率期货，它们也同样有自己的价格特性，不过我们之后讨论的内容总能合适地运用于不同的市场环境。

解读订单流图表

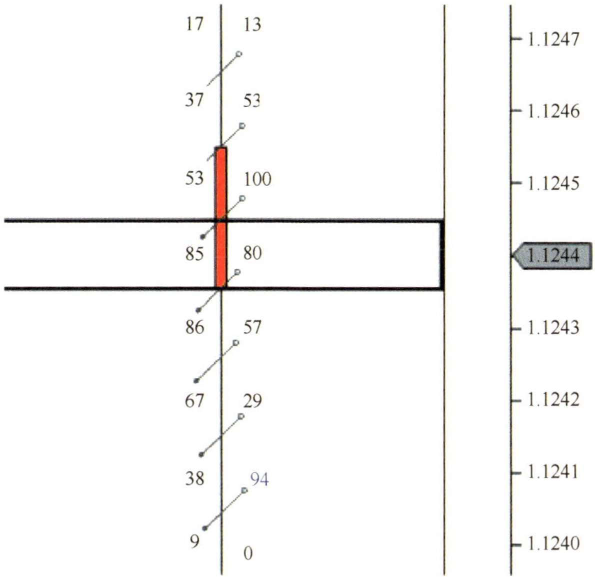

如何分析订单流图表

订单流中的成交量是以对角线的形式排布的，从左至右。如图所示，当市场成交价格为 1. 1246(买入价)/1. 1247(卖出价)时，37 手主动卖单在 1. 1246 成交，13 手主动买单在 1. 1247 成交。而当最新价位为 1. 1245 /1. 1246 时，53 手主动卖单在 1. 1245 成交，53 手主动买单在 1. 1246 成交，依此类推，当价格为 1. 1244/1. 1245 时，有 85 手主动卖单在 1. 1244 成交，100 手主动买单在 1. 1245 成交。

K 线左侧代表主动卖单的累积成交数量，是主动型卖方的力量体现，右侧是主动买单的累积成交量，是买方的力量体现，通常用这种斜对角对比的方式进行分析。

订单流图表只记录已成交的订单数量，也就是主动型买卖单，不记录限价单和未全部成交的订单。

图中并没有显示买入价为 1. 1247 时的主动卖单的量。原因是当买入价为 1. 1247 时，有 17 笔订单在该价格卖出，但是没有订单在 1. 1247 之上的卖出价成交，因此价格无法继续上涨，开始回落。

同样，并没有主动买单在 1. 1240 成交，如果该价格的限价单有成交的话，成交量就不为零。

市场总是会存在最新的买入价(买一)和卖出价(卖一)，这是交易的基础。有人想买，就挂买单；有人想卖，就挂卖单。如果有人不想等待，希望自己的价格立刻成交，他们就会以市价主动成交，也就是主动在卖一买入或者主动在买一卖出。订单流能够让你直观的看出在某个价位有多少主动性买单和卖单。

订单流并非只是以另一种形式展示成交量和价格，它最大的功能在于分别展现主动型买单和主动型卖单的数量，而不是将它们当成一个整体。而这些信息给订单流足迹上了色——蓝色代表这个价位买单淹没了卖单，紫色代表卖单强势压倒了买单，黑色代表两边处于均衡状态。

以下展示订单流插件生成的几张图表，不要纠结于看不懂图中标记的意思，你读完整本书之后的介绍后肯定能够掌握。

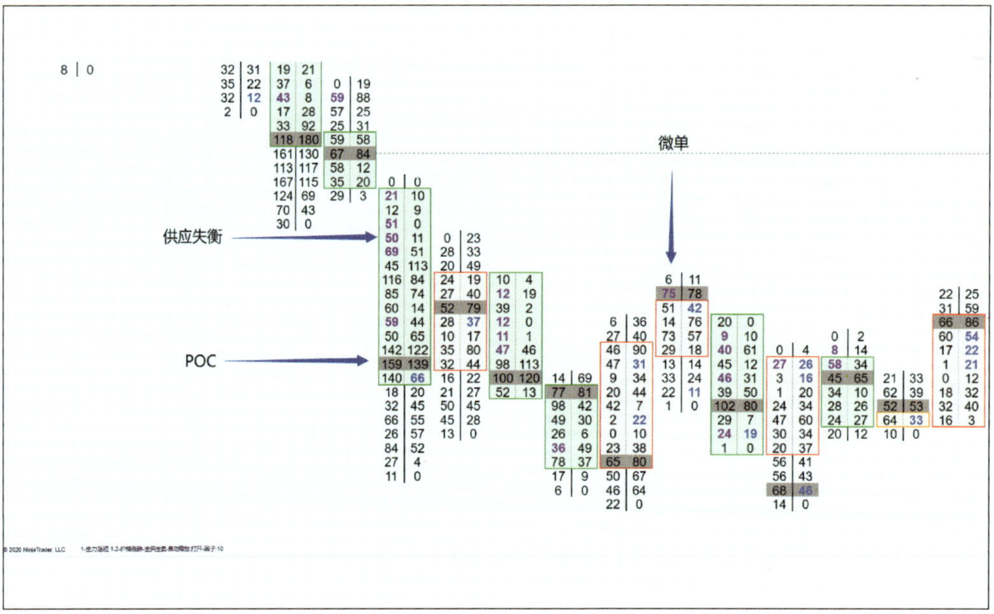

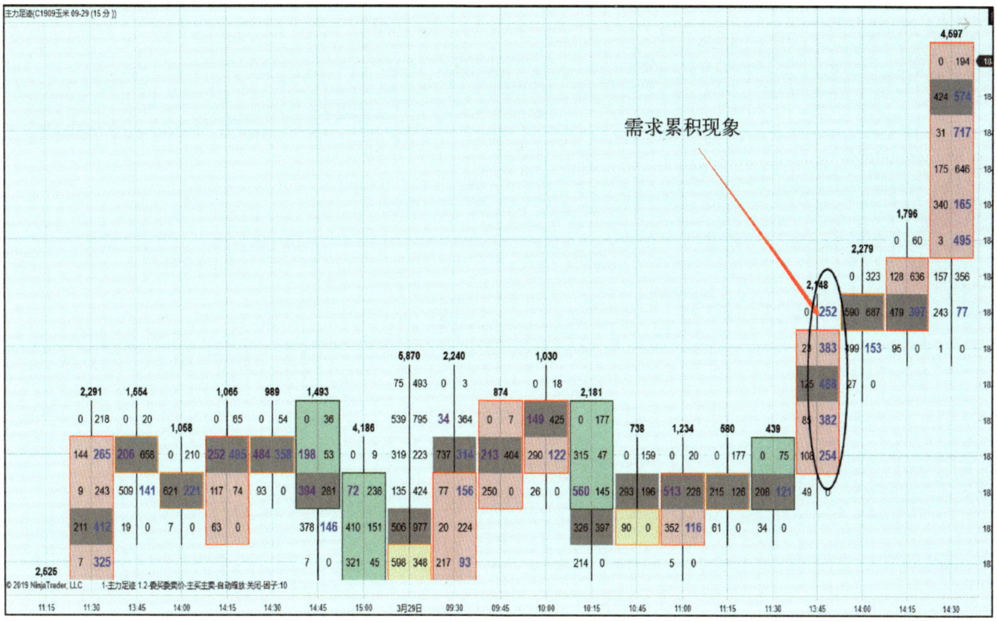
需求累积现象

价格的重要性

价格是交易中最重要的元素，价格是决定人们买卖的原因，价格的涨跌决定了人们的盈利和亏损的大小。

交易者的目标是高抛低吸，这是我们的共识，那人们亏损的原因究竟是什么？

一个品种的价格开始移动，需要价格的背后有足够的力量推动它突破前方的阻力。换句话说，价格的上升需要多头力量大于空头力量，价格的下跌需要空头力量大于多头，而价格就在参与者的相互博弈中随之波动。

趋势是如何在订单的推动下形成的决定了这个趋势的健康与否，因为价格开始向一个方向移动并不代表它不会掉头。知道价格移动的形成过程是了解当前趋势健康与否的关键。

如果一根大阴线摆在你面前，很容易判断出所有人都在卖，那你会跟着卖吗？价格会继续断崖式下跌，这个价格行为每时每刻都

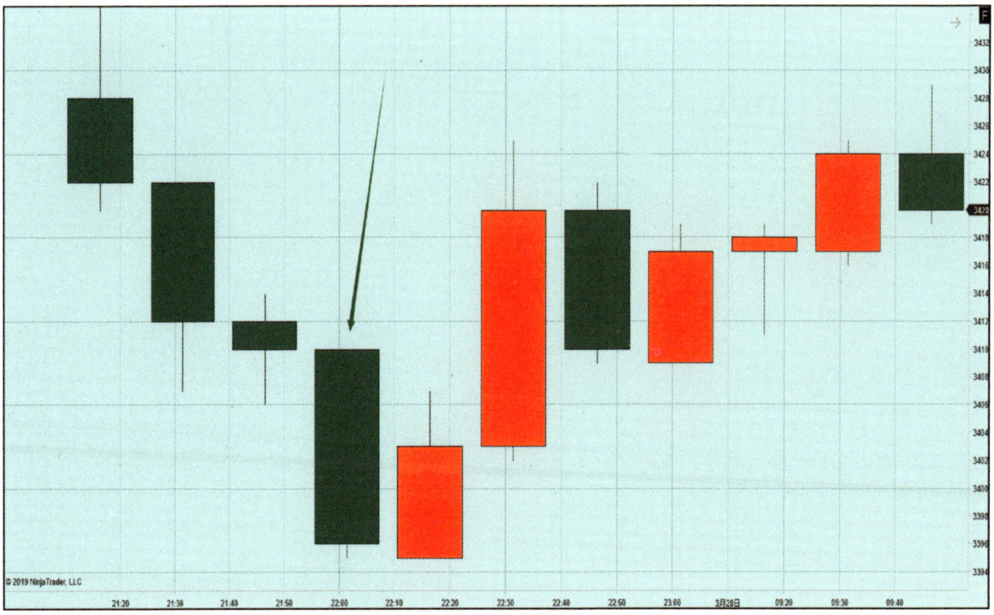

在市场里出现。然而，在一根大阴线之后紧跟着一根大阳线的现象，却并不那么常见。缺少成交量的辅助，我们无法推断这个趋势是否足够强势，以及究竟是谁在推动着趋势的形成。

图中在一根大阴线之后，紧跟着是连续的阳线上涨。你第一眼看到阴线时，你说供应控制着市场。但为何会出现阳线的反转呢？

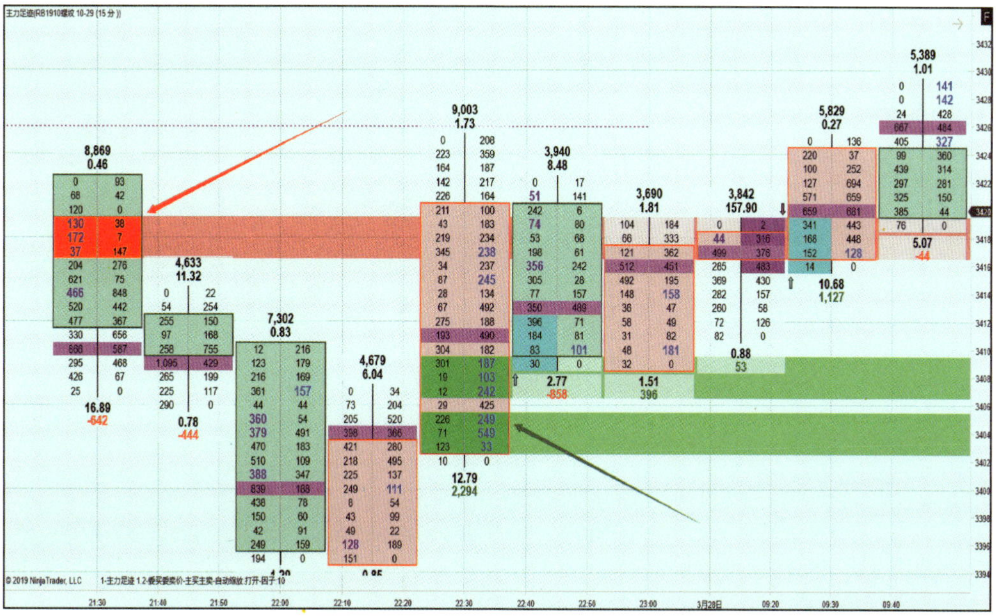

通过订单流图表，我们能更好地理解这种反转发生的原因。市场在第一个红色箭头杀跌的原因是多头处于弱势，图表上红色区域出现了供应堆积失衡的阻力带提示。随后市场情绪发生变化，价格开始上涨，第二个阳线穿过阻力带，正式宣告了下跌趋势的终结，同时上涨过程中出现了需求堆积失衡现象，形成了潜在的支撑带，之后的价格走势都没有跌破绿色支撑带，这是因为这个区间是之前阳线出现需求堆积现象的区间，价格再次回到这个区间时，需求力量涌现超过供应。事实上，如果你读完这本书，你会发现这种模式经常出现。

价格行为源自供需不平衡，这我们都知道。如果买入的人多于卖出的人，价格上涨；如果卖出的人多于买入的人，价格下跌。这听起来如此简单，像是教科书般的名言金句，但其实这句话并不是你想的那么简单。

价格上涨是因为推动市场上涨的主力暂时还未决定要获利出局，这些主力往往在趋势开始之前就已经进入了市场，所以在主力还没出来之前，价格总是会继续上涨。如果主力机构想要将价格带到更高的区间，他们会主动吸收涌入市场的卖单。主力们不会发力支撑整个市场，他们只会在察觉到这个价格趋于薄弱的情况下才主动吸收。

价格下跌并不仅仅因为供应比需求更胜一筹。可能是没有足够的买单来止住这个下跌的趋势。在下跌的环境下，委托的买入单非常少，价格就会下跌。这也是下跌的速度往往要比上涨速度快的原因。

在市场中，出色的交易者总是跟随着主力的买入而买入，跟随主力的卖出而卖出。在场内交易的时代，人们习惯于在自己的交易席位上观察，什么时候主力机构的钱涌入市场，然后他们紧跟着也入市，这并不是什么复杂的事。场内充斥着许多仅仅是高中学历或者只是本科的人，价格开始移动时，我们随着趋势执行操作，这个简单的道理不需要拿了博士学位才能理解。

上涨趋势终止的情况：

1. 买方在当前价位不愿意再继续买了；
2. 买方已经耗尽了所有的力气；
3. 卖方强势压倒了买方。

下跌趋势的终止的情况：

1. 卖方不愿意再该点位继续卖了；
2. 卖方已经清空了自己的存货；
3. 卖方被强势的买方吞没。

只有订单流能让投资者看清市场转变的原因，并不是所有的市场转折都会像上面的例子那样清晰。但是如果上面的类似情况出现了，我们需要保证牢牢抓住这个盈利的机会。

成交量的重要性

成交量同样是我们理解市场的重要武器，可惜我们总是低估了它的重要性。到目前为止，所有对成交量的分析大多局限于一个时间区间的成交量总和，而订单流将成交量分解为主动型买单和主动型卖单。我们现在能判断多方是主动的还是被动的，空方是主动的还是被动的。将价格和成交量结合，我们就能判定市场当下的状态，判定供应和需求是否处于非平衡状态。

传统的成交量总是被当成事后解释的工具，实时分析的可用性很低。通常成交量会画在图表的下方，用以对一段趋势进行确认。传统技术分析会告诉你成交量是衡量当下趋势强度的工具。

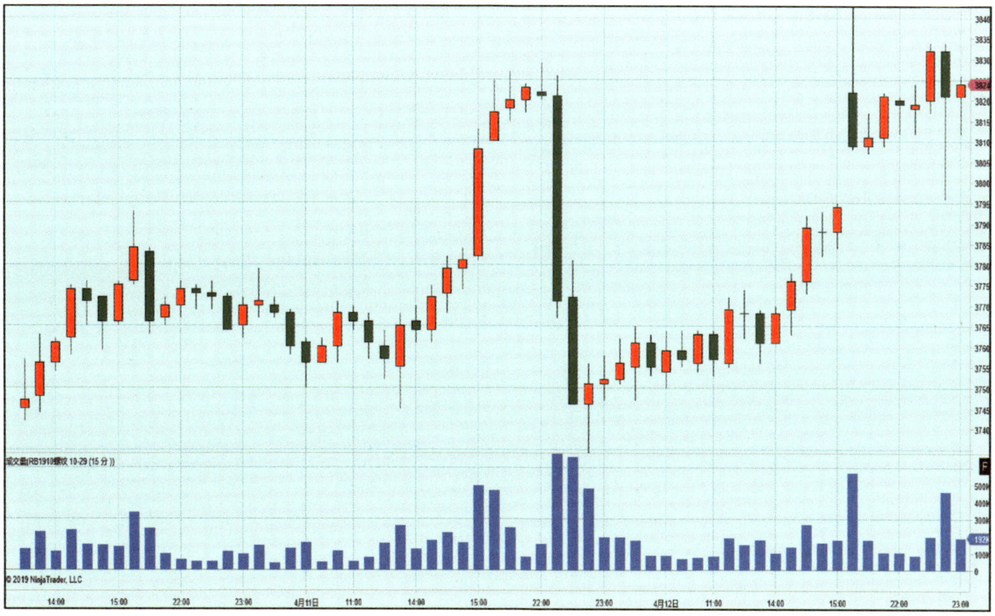

当我用这种简易、粗略的方法看成交量的时候，有个问题一直困惑着我。我无法区分成交量是代表需求的力量还是代表供应的力量，特别是对那些走势变化不大，开盘价和收盘价非常接近的K线。

如果你单独看成交量，这并没有什么价值。你不了解与成交量相对应的价格变化。当把成交量和价格结合时，我们就能开始理解市场里的动能。在决定趋势强度的时候，成交量无疑是最重要的指标，市场跟随时间和成交量上涨、下跌或者震荡。

上涨趋势中，主动买单量应该有所增长，这意味着强势的需求横扫了所有价位上挂的卖单。

下跌趋势中，主动卖单量应该增长，这意味着卖方正在将自己手中的仓位甩给挂单的买方。

而在牛皮市行情下，市场像一块海绵，砸向市场的卖单和买单都被吸收。

订单流告诉我们在某个特定的时间框架，某个价位的成交情况。当你继续观察随后的价格走势的时候，你就能决定市场是属于强势还是弱势。传统图表只是将成交量总和与相应的 K 线一一对应，如果我们在这个基础上，还能看到某根 K 线内部不同价位的成交量情况，我们就能更加深入理解市场了。

Delta 的重要性

Delta 被定义为在一根 K 线内主动买单和主动卖单成交量总和的差值，它是由 Tick 级别的数据计算而来，我们可以通过它看清谁主导着市场。如果是多头主导市场，Delta 通常为正；如果是空头主导市场，Delta 则为负。

我们通常用量来定义一个趋势的强度，这也是 Delta 重要的原因。当趋势向上时，我们通常希望看到正的 Delta 值，这意味着涌入市场的买单在疯狂地吃挂的卖单。反之，则预示卖单正被大量抛向市场。

Delta 如下图所示：

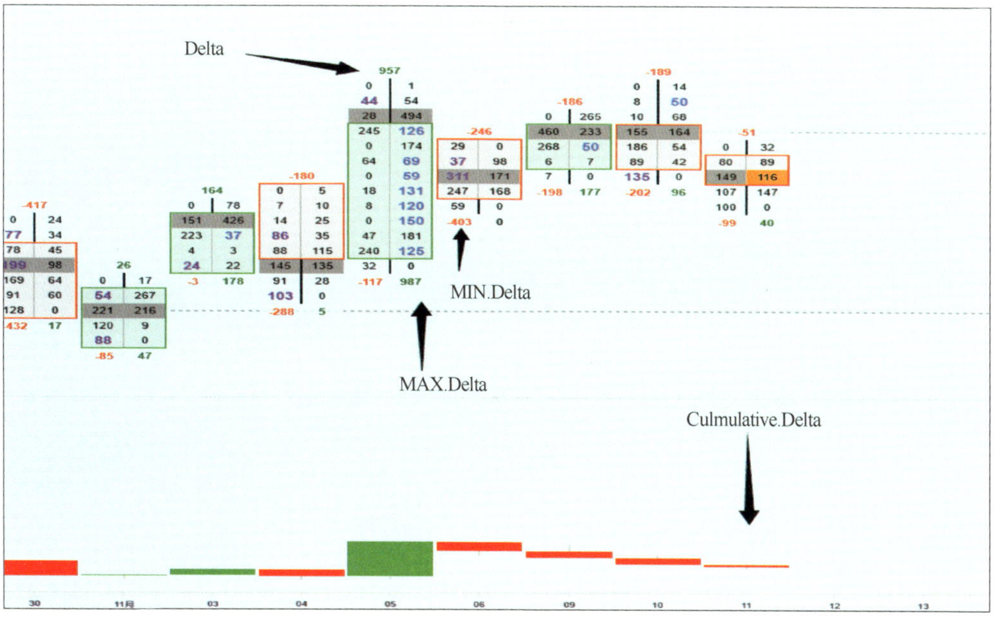

图片说明：

Delta：一根 K 线内部主动买单总成交量和主动卖单总成交量的差值；
Max. Delta：一根 K 线的时间内 Delta 出现的最大值；
Min. Delta：一根 K 线的时间内 Delta 出现的最小值；
Cum. Delta：一天内 Delta 的累积量，显示在图像下方；
Cum. Delta/Volume：一天内 Delta 的累积量与当天累积总成交量的比值；
Volume：该 K 线内的总成交量；
Cum. Volume：当天累积成交量。

解释：由于在一根 K 线的时间内，Delta 是随着交易的进行不断累积计算，在 K 线走完后的终值才是 Delta，因此如果将成交量类比为价格，Max. Delta 和 Min. Delta 可理解为该 K 线内的最大涨幅和最大回撤。

如果市场处于盘整区间，Delta 通常为一个很低的值，例如，如果在一般的行情下为 1000，则在盘整区间通常为 100，并且会在正负之间来回跳动。

如果某个时间点 Delta 很接近 0，这就表明当前主动涌入市场的买单和卖单很接近，这个过程通常叫吸收过程，很可能会开启一个新的趋势。

Delta 的值还与时间框架以及交易时间点的选择有关，如果是选择 1 分钟级别的图表，Delta 通常很小，因为时间太短，没有足够的交易在区间内发生，如果是早盘交易或者夜盘交易等交易不活跃时间段，Delta 通常也很小。

如果在标普的迷你期货合约上总成交量为 10000，而 Delta 只有 100，这远比在 5 分钟时间轴上显示的总成交量为 1500 而 Detla 为 100 重要，我们必须意识到我们在用的是什么级别的图表。

POC

在订单流图表里，每根 K 线内部都有一个 POC 点位。这个点位预示着在这个价位，涌向市场的买单和卖单的成交量超过了其他任何的点位，记住订单流分析的是每根 K 线的内部情况。如果用普通的 K 线图我们永远看不到这些 K 线内部信息。

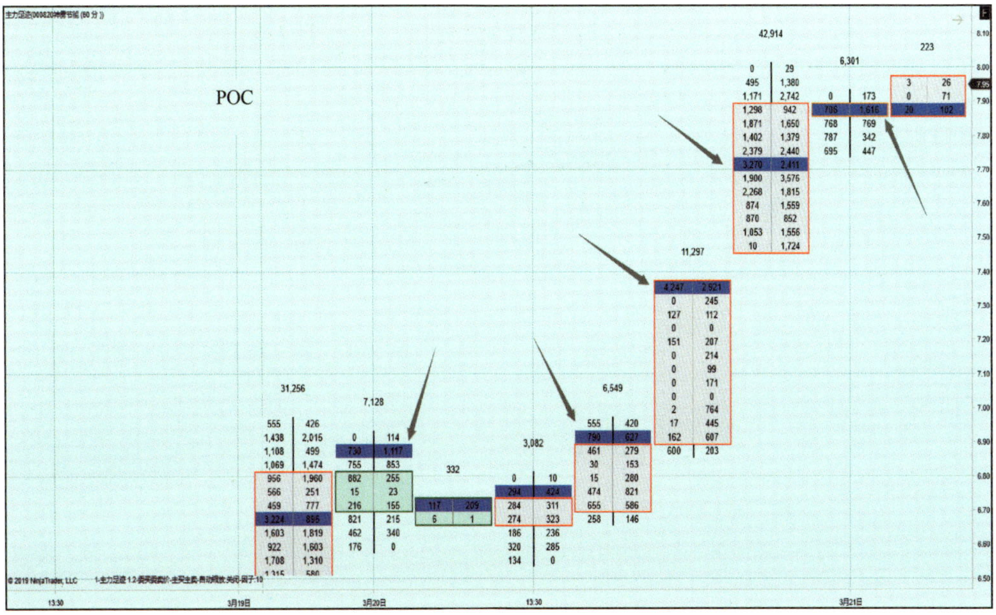

如图所示，订单流插件通过用蓝色的框帮助我们选出 K 线内部的 POC 价位，该价位是 K 线内所有价位中成交量最大的价格点。

通过这个功能，我们能够看到哪个点位交易得最激烈，它是在单根 K 线的顶部、底部，还是停留在中部。

这个功能异常关键，它指示我们单根 K 线内部的价格力量最集中的点，它告诉我们在单根 K 线内部，需求是否战胜了供应，或者供应是否超过了需求。

它提供了我们不同于传统 K 线的全新视角，我们快速扫视就能看出哪个价位是竞争最激烈的点位，我们仔细分析其中的端倪，就能发现一些隐藏的线索。

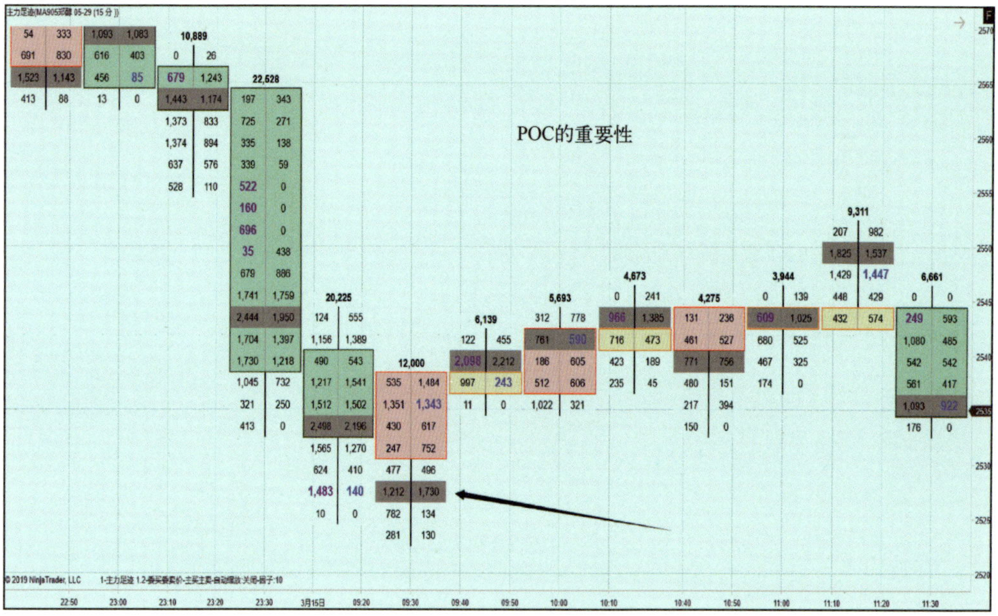

大部分时间 POC 出现在 K 线的中部，当下跌过程中 POC 出现在 K 线相对底部并且价格收盘在高位时，往往预示着出现了多头力量在推动市场。如上图所示，在下跌的前两根 K 线中 POC 都处于中部，而第三根 K 线 POC 出现在了底部，成交量明显大于其他价位，说明重心下移，底部有支撑，价格收盘在 POC 之上，之后开启了上涨模式。

观察 POC 的位置至关重要，如果市场处于震荡状态，POC 的位置通常不会有显著变化，这表示在这个价位附近是大家公认的“合理”交易位置，如果 POC 出现在 K 线顶部或者底部的时候，就要小心了，这很可能是主力的痕迹。

在下面的例子中，如下页图所示，A 点处 POC 接近 K 线的顶部并且价格收盘在低位，这告诉我们有许多主动型买方在该价位入场试图推动价格上涨，但是他们碰到了更强大的卖方，最终供应的卖方占领了市场。

经过调整后，B 点处 K 线，价格试图继续上涨走出牛市，但是

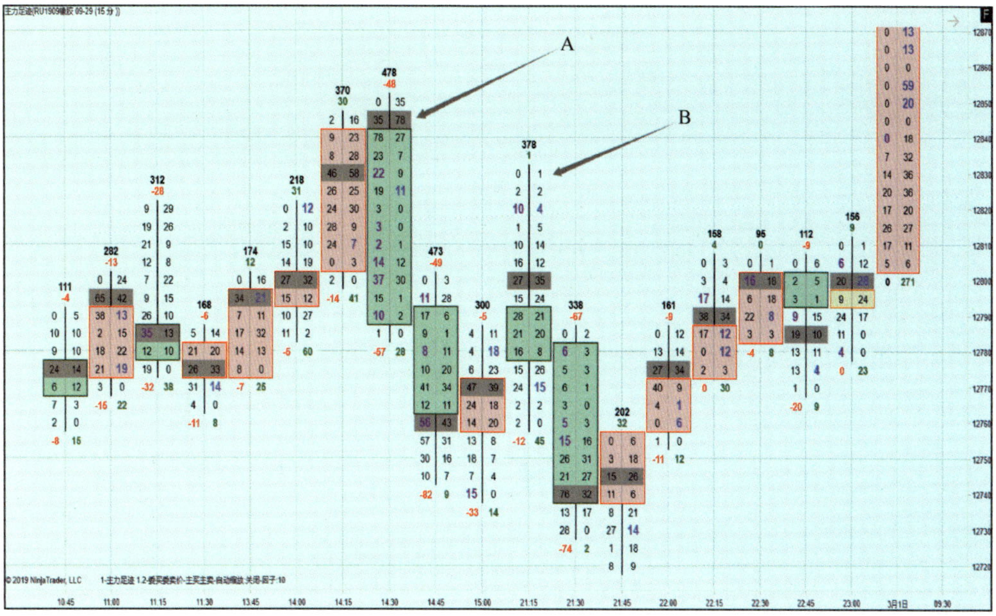

需求力量不足，因为顶部的买单只有 1 手，严重缩量。这个信号非常重要，通过后面的学习你们会知道这种现象叫做微单，价格涨到这个高度，愿意买的人已经极其少了，预示着需求已经无力推动价格上涨。之后 B 点在供应的卖方反击下收了一根阴线。

通常来讲，如果 POC 出现在接近中部，市场是处于中性的。如果 POC 出现在 K 线顶部，而收盘价处于低位，这通常是看跌的信号，许多的交易买单出现在价格顶部，却没有将价格带到更高的价格区间，说明顶部空方的力量更强，多方力量不足导致价格的回落。POC 出现在 K 线底部，收盘价于 POC 以上，这通常是看涨信号，因为强大的底部出现的成交量将价格往上推。当然，POC 的组合形态有很多，需要我们不断学习理解。

市场处于震荡区间，到三个箭头处，见下页图表，POC 出现在 K 线顶部，同时第三根 K 线的上影线出现 83/364 的大成交量，却并没有成功将价格推高，说明顶部供应强大。之后的一根阴线，POC 出现在 K 线底部，从视觉效果上看，POC 重心下移，说明供应强势。之后圆圈的部分，价格再次尝试上涨，但是并未超过前期高点，

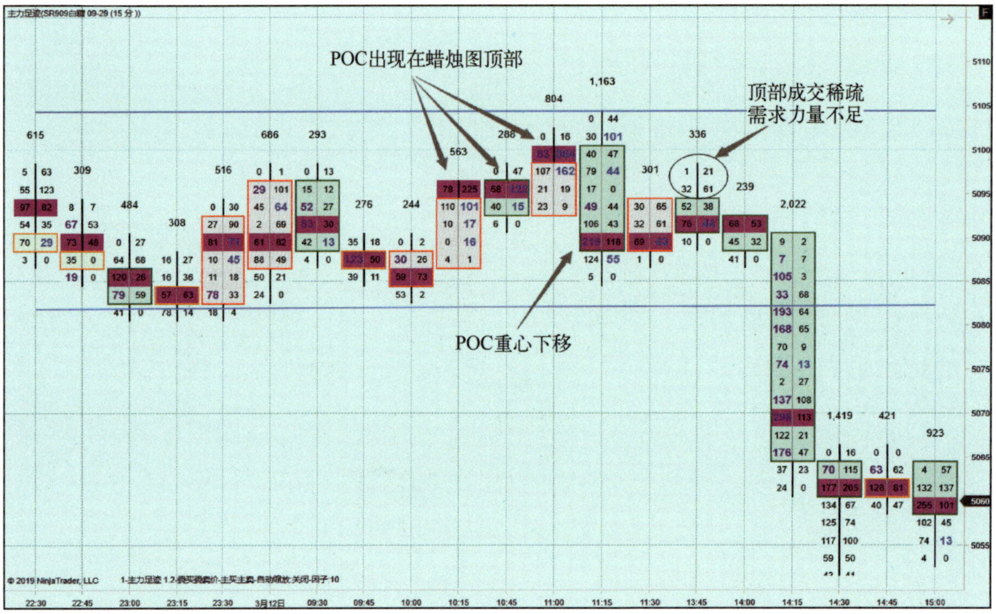

同时顶部出现了 21/1 的买卖比，严重缩量，说明需求已经严重不足，供应方控制市场，之后价格跌破震荡区间，形成下跌趋势。

POC 本身并不是一个指标，但却可以用来对一个价格运动进行确认。如果我无法判断当下市场的方向，我通常先从观察 POC 的位置入手。如果市场处于震荡区间，我会用它来判断潜在的未来价格运动的方向。

不同类型的交易者

所有关于交易的书总说市场是一个零和博弈，每一个赚钱的交易者总对应着一个亏钱的交易者。这确实是真的，但每一个参与市场交易的人的目的却不尽相同。

普遍的共识是每一个进入市场的人的唯一目标就是获利，大量的交易者在市场中为了盈利而互相厮杀，但情况却并不都是如此。例如期货市场，投资者进入市场的另一个目的是对冲风险。如果某人会在未来持有某个现货品种，他们通常会做空期货来对冲价格风险。数百年来，农民都用这种方法保证自己的收益。如果在期货市场亏了钱，他们其实并不担心，这就像是我们交的保险费，我们并不会因为我们没发生意外，保险费没起到作用而抱怨。

还有很多进入市场的原因，并不仅仅是为了赚钱。跨品种套利也是其中之一，他们通常在两个有相关性的市场挂相反的订单，并期待赚取价差，因此这些订单可能只是修复市场价差的一部分。讲到这个部分要讲的东西可多了，本书不会重点讨论这方面的内容。上述每个原因都解释了出现在市场的买单或卖单不会将价格有目的性地带出一波趋势的原因。

所以，市场的投资者是分很多类的，理解了这一点有助于我们解读市场上的订单的目的，从而更清晰地判断市场的方向。

如果大量买方出现会发生什么？这说明有人正在大量吃进挂着的卖单，进入市场，或者是空头获利了结。

如果大量卖方出现呢？这说明大量卖方正在抛售，他们正在离开市场或买进空头头寸。

如果出现了大量被动型多头呢？这说明他们在价格下方大量挂买单，随着大量的供应进入市场，带动价格下跌，他们的限价单大量的成交。

出现大量被动型空头，说明买方正在不停地收购筹码。

总的来说，委托市价单的交易者迫切希望立刻进入市场。我们不明白他们如此着急地想进入市场的原因，但他们的行为通常会引起供需的不平衡，从而带来一波趋势。

而限价单的成交方则相对没那么急切，但他们的想法同样重要。因为正是这些订单形成了市场的支撑位和阻力位，他们做高抛低吸。如果价格在底部遇到了大量限价买单，阻止了价格下跌，这就是潜在的趋势即将反转的信号。

主动型交易者

过去，人们分析市场行为的时候，经纪人通常会说当下市场买家多于卖家，或卖家多于买家等类似的言论。然而这句话本质上是错的。市场上只是存在不同类型的买方和卖方。每根 K 线的形成都是主动型和被动型的买方和卖方共同作用而形成的。

通读全书，你会对主动和被动这两种交易者有更深刻的理解。一个主动型交易者入场，他们通常会主动吃掉委托的买单或卖单，他们是推动价格运动的核心，他们和挂限价单的交易者成交。

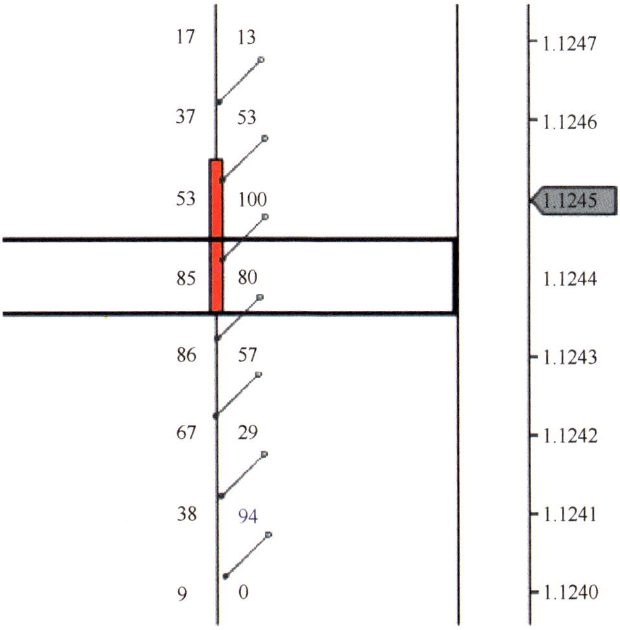

市价单被认为来自主动型交易者

主动型交易者与被动型交易者成交

主动型买方愿意主动满足被动型卖方的要求；主动型卖方则愿意满足被动型买方的要求。主动型多头交易者是以市价单买入的交易者；主动型空头交易者是以市价单卖出的交易者。

他们的行为被认为是主动，是因为他们按照市场上提供的价格成交，他们已经不想等到价格朝着有利于自己的方向移动一段距离再成交了，他们希望立刻持有仓位，于是进入市场。

当卖价为 1. 1245 时，有 100 手订单在这个价格买入并成交，他们来自主动型多头交易者。

当你从订单流中看到主动型交易者入场，我们需要注意市场接下来的动向，市场是否开始一波强劲的上涨，还是下跌？通常来讲，如果主动型买方大量涌入市场，市场会进入上涨趋势，如果主动型卖方大量进入市场，则会导致价格的下跌。如果市场没有出现本应出现的现象，那朝相反方向的力量就能被我们所察觉。

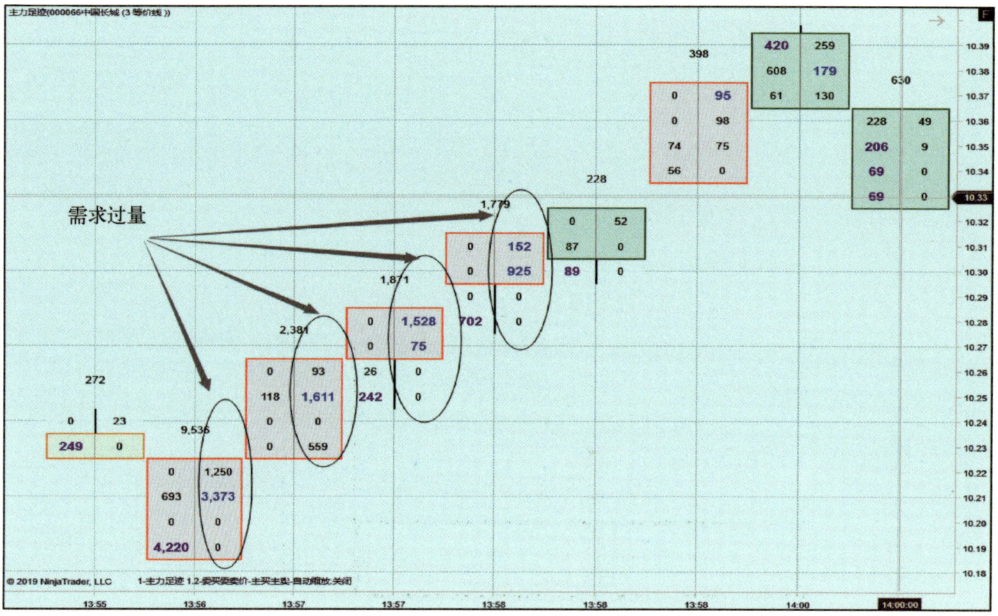

当我说大量主动型买方出现时，这表示在一个价位或连续几个价位出现了主动型买方的成交量远大于主动型卖方的成交量的现象，表示主动型买方远多于主动型卖方。

有一个概念很容易搞混，主动型交易者和供需不平衡的关系。对于每一笔交易，总会出现一个买方一个卖方，一个主动的一个被动的，主动的委托市价单，被动的委托限价单，最终多空双方的交易量是相等的。而供需不平衡表示多方的主动买单量与空方的主动卖单量的比率，当这个比值越过了某个阈值，就造成供需失衡。我们不用着急，后续会继续讨论供需失衡。

主动型买单和卖单出现在所有的 K 线内部，只有在有人主动向市场出售或购买时才出现，这些订单属于市价单。当我说这个价位

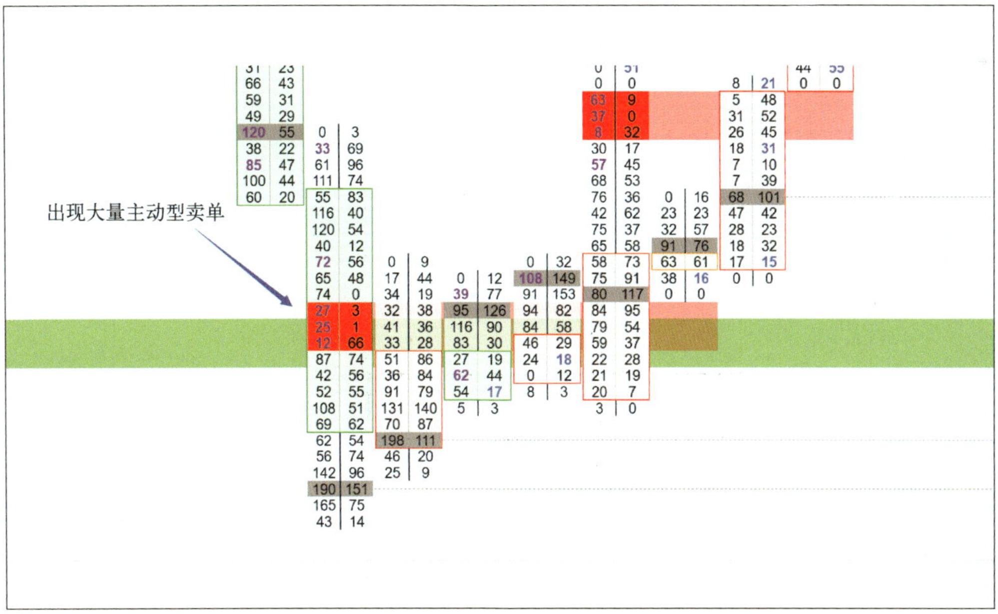

出现主动型卖方的时候，我的意思是主动型卖方的成交量远大于主动型买方的成交量，向市场抛售的人明显更多。

当然，如果仅仅认为主动型交易者决定市场的方向，这并不理智，我们还需要从市场整体走势来获取我们想要的信息。

有主动的就得有被动的，这就引出了我们的下一个概念——被动型交易者。

被动型交易者

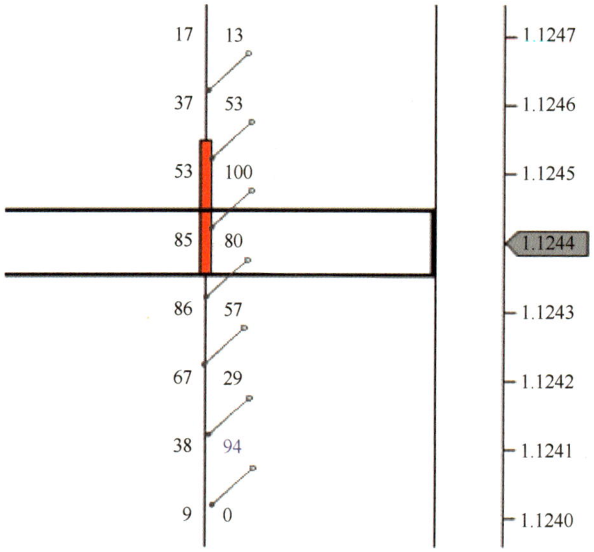

限价单被认为是被动的标志

被动型交易者总是等待主动型交易者到来

被动型交易者总是将自己的订单委托在盘口，等着感兴趣的主动型交易者光顾。他们决定在某个特定的点位进入市场，当市场没满足他们要求的时候，他们愿意静静等待。被动型交易者挂的是限价单，而主动型交易者会用市价单与他们进行成交。

被动型买方是在低价挂单等人来成交的，被动型卖方是在高价挂单等人来成交的。

这被当做被动行为是因为投资者总是等着市场满足他们的价格，他们从不主动出击。

在 1.1244 的价位，有人在这个价位挂出买单，之后有 85 手订单在这个价位抛向市场，因此被动型买方成交了 85 手。

被动型交易者有自己的小算盘，他们等待着价格达到自己的目标。如上图所示，在 1.1244 价位，被动型买方成交了 85 手订单，而被动型卖方成交了 80 手订单。在价格 1.1243 处，被动型买方成交了 86 手订单，主动型卖方出售自己手里的标的给他们，因为他们没有了等待价格上涨的耐心，愿意去满足买方的需求，降低价位出掉自己手里的标的，在该价位被动型卖方成交了 57 手订单。

被动型买方只愿意在自己的既定价格收购，卖方同理。

换句话说，当你看到如下的盘口数据：

委买价/委卖价：393. 50/393. 75

委托量：393. 50 500 手/393. 75 200 手

被动型买方在 393. 50 处挂了 500 手订单

被动型卖方在 393. 75 处挂了 200 手订单

如果一个挂了 10 手订单在 393. 50 的投资者无法忍受这种等待，他希望自己的订单立即成交，于是提高了价格，在 393. 75 处买入了 10 手，他就从被动型买方转变为主动型买方。

大多数交易者总是希望掌握主动型交易者的动向，然而揣测被动型交易者的行为同样有利可图，他们的动作通常标志着市场的拐点。被动型交易者通常是机构等主力，他们有左右价格的能力。价格被低估，他们进场收购；价格被高估，他们就开始出货。订单流计算的是主动订单的量，当大量的主动型买单发生在 K 线顶部或者大量主动型卖单出现在 K 线底部，这通常预示着被动型交易者在对这个价格提供阻力或支撑，而这些订单大多数情况来自主力。

我总是很乐于看到被动型交易者出现在 K 线顶部或底部，这比他们出现在 K 线中间提供了更多的信息。世界上存在许多种技术分析的方法、流派，但是我发现寻找阻力位和支撑位是所有技术分析流派不变的追求，即使简单的均线也会被当作阻力线和支撑线使用，那到底什么是阻力位和支撑位呢？它表示在某个特定的价格处存在很多被动型交易者，可能是突破前期高点，可能是趋势线，或者斐波那契回撤线等，被动型交易者在这些关键价位等待着，等着价格的到来，一旦价格到达这些关键价位，他们就会出现，给趋势运动带来麻烦。

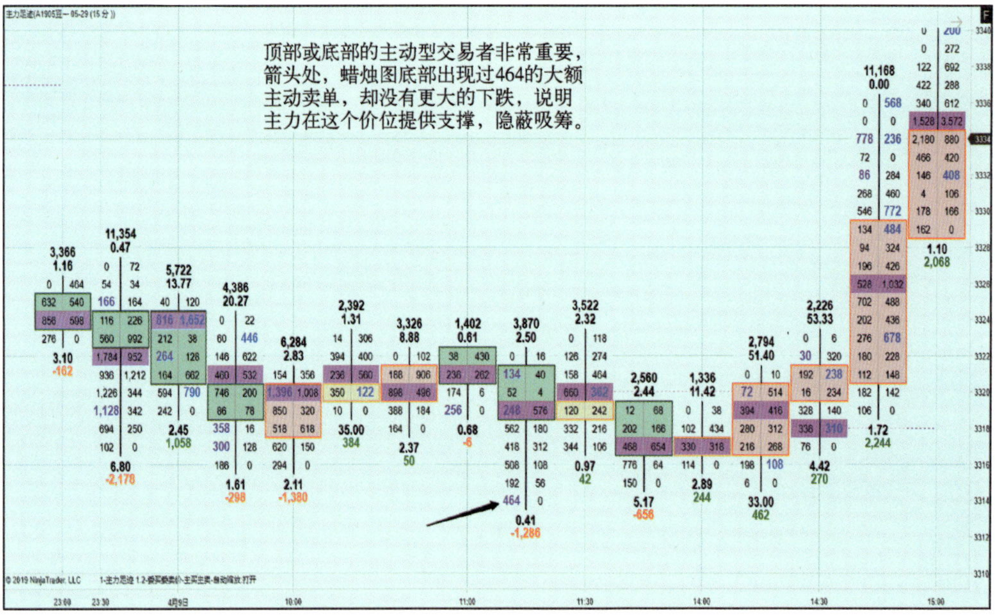
顶部或底部的主动型交易者非常重要，
箭头处，蜡烛图底部出现过464的大额
主动卖单，却没有更大的下跌，说明
主力在这个价位提供支撑，隐蔽吸筹。

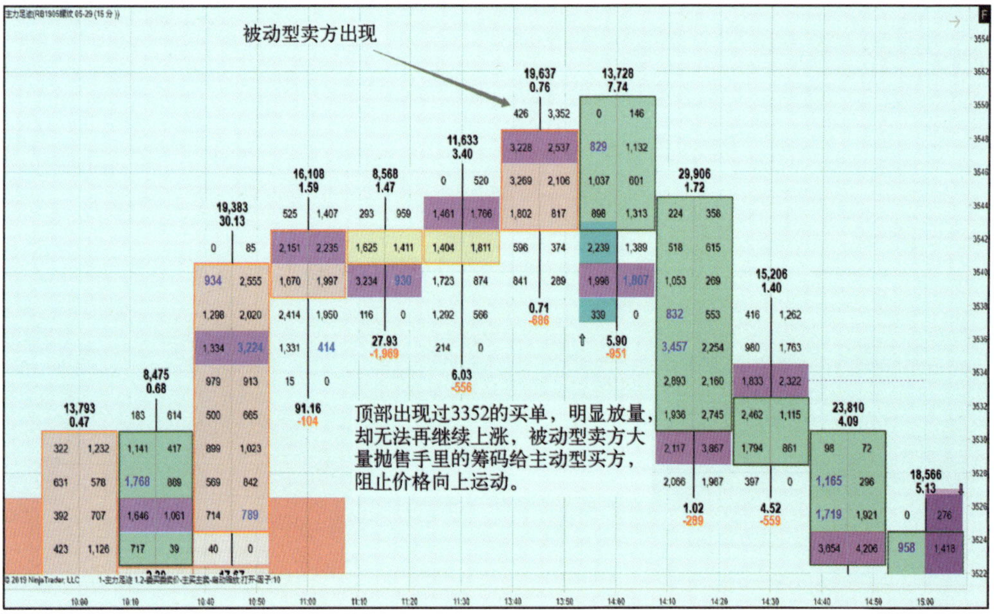
被动型卖方出现
顶部出现过3352的买单，明显放量，
却无法再继续上涨，被动型卖方大
量抛售手里的筹码给主动型买方，
阻止价格向上运动。

主动交易者与被动交易者的重要性

主动型订单推动了趋势的形成。限价单本身并不是趋势形成的原因。当价格开始上涨时，投资者不得不在更高的价位买入，当价格处于下跌区间，投资者只能在更低的价位卖出。

投资者都清楚，某些特定的价位是非常关键的，它有助于我们判定供应和需求。通过观察在这个特定价位的订单量，以及随之而来的价格反应，我们可以判断这个价位是否构成一个有力的支撑或阻力。

总是有一些投资大师说，成交量的下降预示着趋势的终结，也就是我们常说的顶背离、底背离，仿佛这是一条万年不变的真理。或许放在教科书里这是真的，但是放在现实中却复杂得多。顶部和底部同样可以出现大额的成交量，像价格在奔跑中撞上了一堵墙，然后开始掉头。

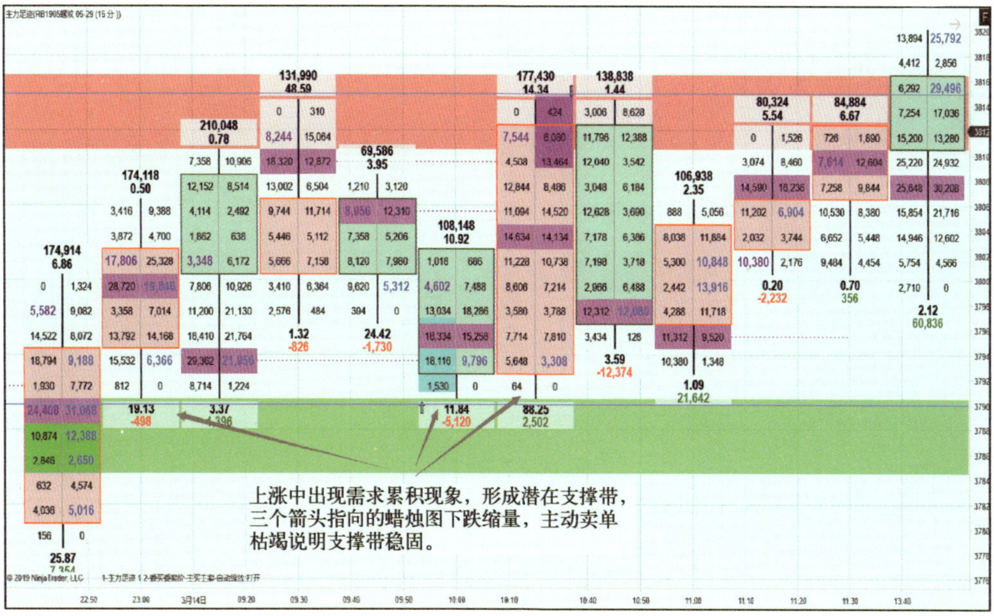

Ninjatrader 的订单流插件可以自动提示潜在的阻力带和支撑带，如上页图中红色区域代表的阻力带，绿色区域代表的支撑带。

这些价格线就像海边的警戒线，你不能随便越过警戒线，否则你就会遇上麻烦!

如果有大成交量形成的推力支持着价格的上扬，那这个趋势就显得非常健康诱人。当然这种好事并不是每天都会发生，但是如果发生了，至少在短期来看，这是对上涨趋势的一个很好的确认。

市场失衡

某个价位的供需情况可能是供需平衡，也可能是供需不平衡。如果某一方的力量显著大于另一方，这通常可以用供需比例来衡量。常用的比例阈值通常是250%、300%、400%等。

当供需指数显示多方力量强劲，这意味着什么呢？这意味着在这个价格点位，主动买单显著多于主动卖单，它们两者的比值大于供需平衡的阈值。另外，按照拍卖理论，我们拿斜对角线的，也就是左下角成交的主动卖单量和右上角成交的主动买单量进行对比，就会得到如2.5∶1、3∶1、4∶1的成交量比例。在一根K线内，这种不平衡点位很可能多于一个，但我们要抓住本质，那就是愿意主动进行成交的买者多于愿意主动成交的卖者，如果显示空方力量强劲，道理相同。

正如意大利经济学家多莱多发现的二八定律一样，价格80%时间属于震荡行情，20%时间属于趋势行情，而当主力资金开始发力，使得价格进入不平衡状态的时候，我们需要快速地识别出来。理解失衡是学习订单流技术最关键的因素之一。失衡的应用场景非常多，是制定别的策略的基石。

失衡出现的场景非常多，我们需要结合大背景进行理解。首先是判断行情的状态，如果在震荡区间内出现失衡，那参考意义并不大，除非你是小周期的交易者想要抓取日内短趋势。当价格进入关键的价位就需要留意了，如前期高点，震荡区间的极值点，或者趋势性行情的中枢调整时，这个时候失衡的出现往往能够表明供需的态度。

另外对于一根K线连续出现失衡，是否真的强势，我们还需要考虑成交量和Delta的维度。当一根K线内部连续出现失衡的同时，成交量和Delta也有所增加，这根K线的指向性、后续行情的延续性都会有所增加，因为成交量增加说明这根K线的上涨和下跌是多空双方经过激烈竞争后得到的结果，一方付出了很大的努力将价格带到新的区域，这是市场合力的结果。如果没有成交量和 Delta 的支持，那一根 K 线的失衡很可能是什么新闻消息的刺激，或者是别的因素造成的价格短期波动，则行情发生反转的概率就会很低。

以下图表显示了供需不平衡在订单流图表上的表现形式。

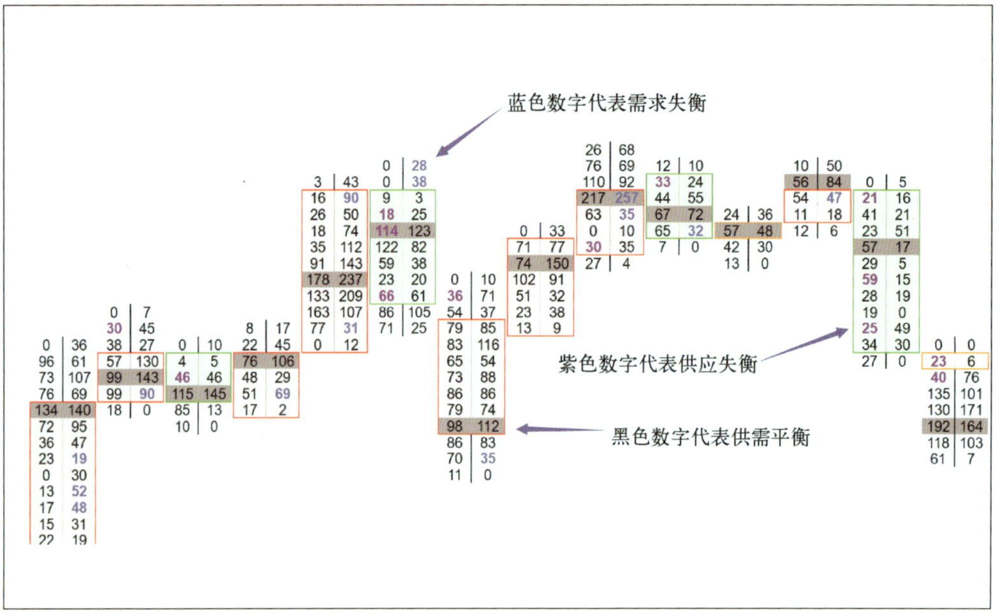

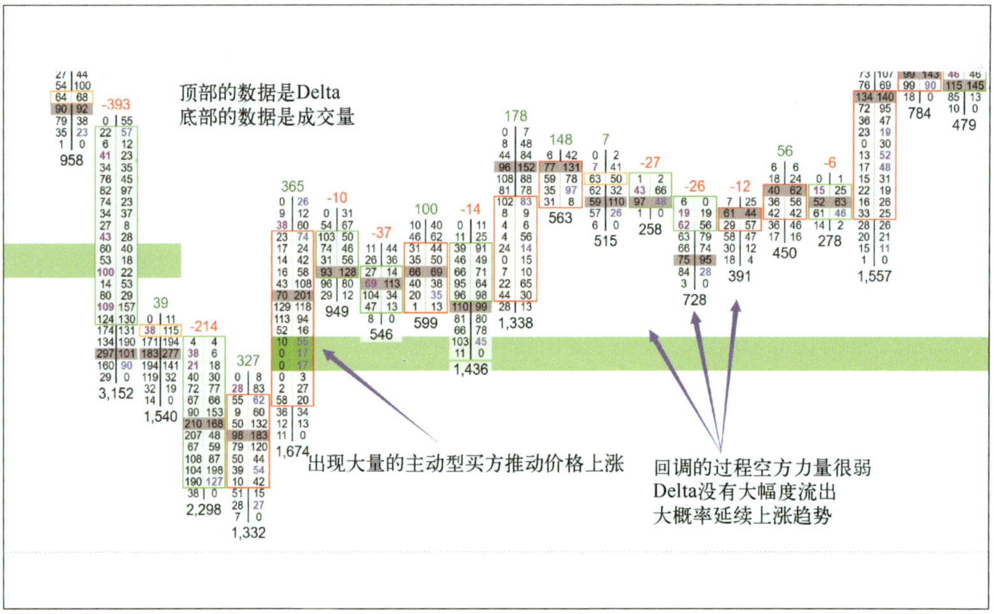

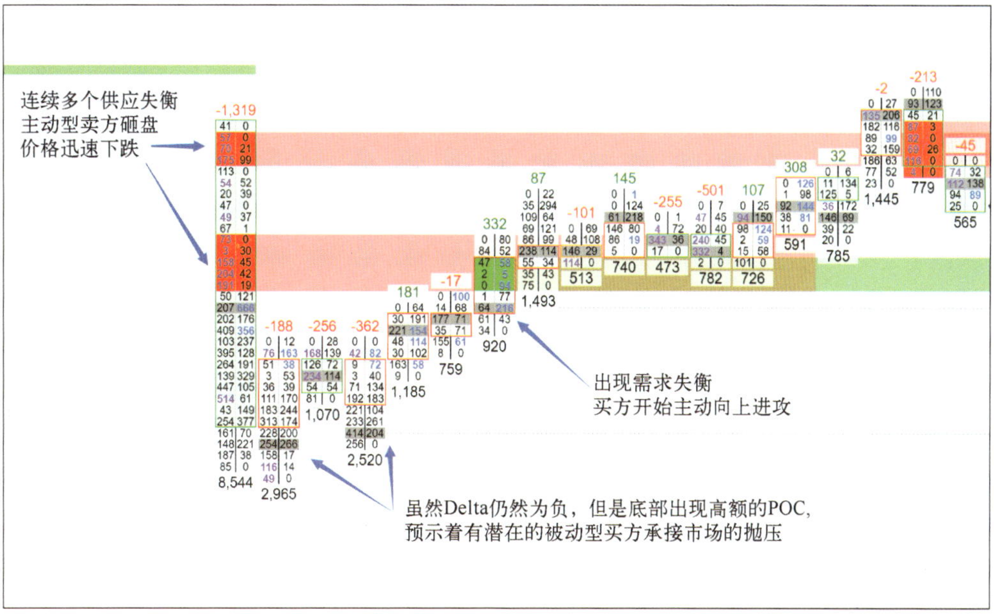

我们要记住，当不平衡现象出现时，通常意味着交易机会的来临。

主动型交易者开始入场，造成了供需的不平衡，从而导致了一段趋势的开始和终结。这预示着他们已经迫不及待、争先恐后地涌入市场了，价格开始快速地发生变化。

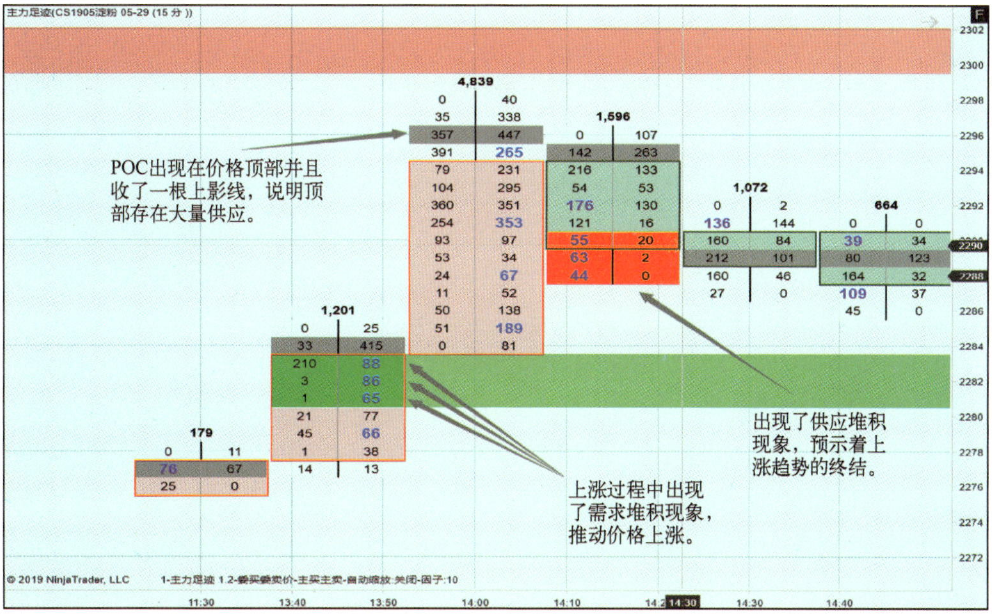

失衡堆积

失衡堆积现象的出现对我们有重要意义。当我们看到在出现了连续三个价位以上的供需过度现象时，说明在这个价格区间存在强大的推动力，因此如果价格再次回到这个区间，我们预期相同的推动力会再次出现，它扮演着阻力位和支撑位的角色。

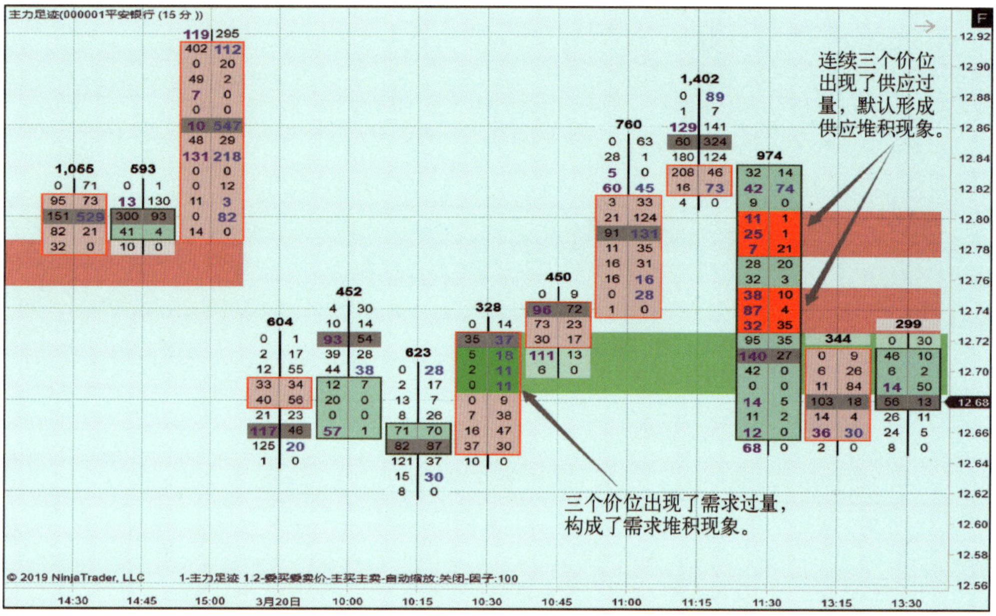

失衡堆积现象预示着在这个区间内的供需失衡现象连续存在，我通常将连续出现 3 个供需不平衡点的现象当作是支撑位或阻力位的依据，在 Ninjatrader 的插件中会自动提示出潜在的支撑带和阻力带。

另外，根据拍卖理论，在计算供需状态时默认是运用斜对角的主动卖单量-主动买单量进行计算，也可以设置同价位比较。

失衡堆积现象预示存在着阻力和支撑，因为在这个价格区间内，大量主动型的多头或空头订单进入市场。从理论上来讲，如果在某个价位主动型交易者非常迫切地想要进入市场，那么当价格再次来到这个价格区域的时候，我们预测这些急切的主动型交易者会再次出现。

失衡堆积现象的精妙在于它提供了我们一个相对完美的低风险入场点，价格经常会在突破失衡区域后再次回踩该区间，而主动型交易者的再次涌入预示着价格将再次反弹。设置止损点也很简单，只需要将止损单放在失衡堆积区间之外 1~2 跳的价位即可。

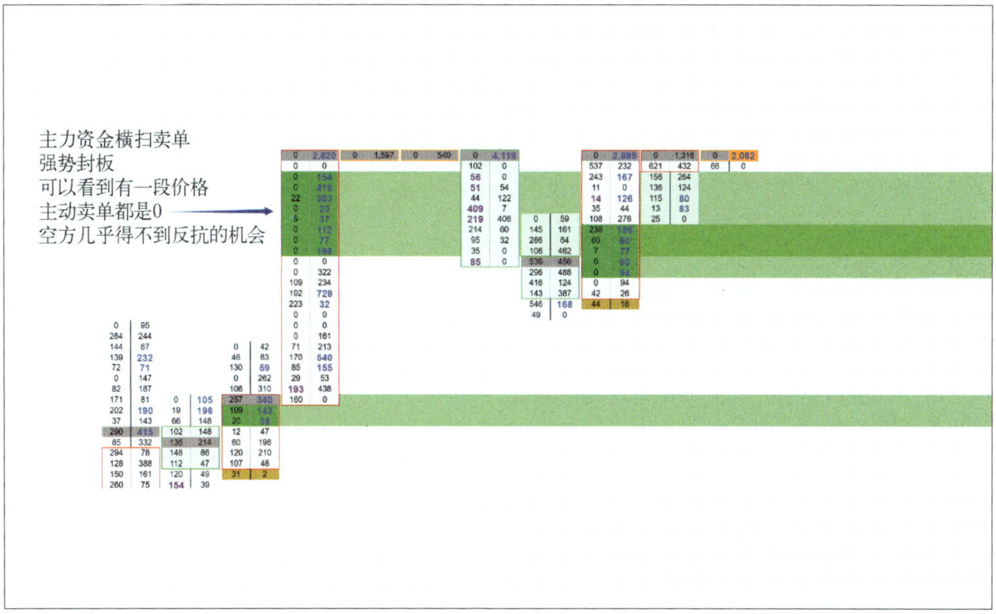

涨停板是中国市场独有的机制，有非常多涨停板的类型，如果主力资金一笔扫到涨停板，中间未得到空方任何反抗，这是主力强势的特征，可以看到上图中主动卖单几乎为 0，成交量形成了一段真空区域。

如下图所示，在 A 点出现了需求堆积支撑带，在价格上涨了一段时间后，击穿了 A 点形成的支撑带。在 B 区域出现了供应失衡堆积现象，而 B 点的供应失衡并没有带来更猛烈的下跌，反而在 C 出现了 180 度大反转，形成了连续 5 个价位的需求累计区域。如果我们打算进场的话，我喜欢把入场单放在堆积区域的中部或者接近最后一个价位，紧接着我会将止损单放在堆积区间之外1~2 跳的价位。如果按下图所示，在 A 点入场如果我们没有做好合理的止盈操作，就会出现价格回踩至止损线，出现小的亏损，B 点同样会出现一点小亏损，但是 C 点入场的选择则让我们满载而归，事实上，价格自 C 点之后上涨了近 30 个点位，直到 6510 的价位，而按照入场规则

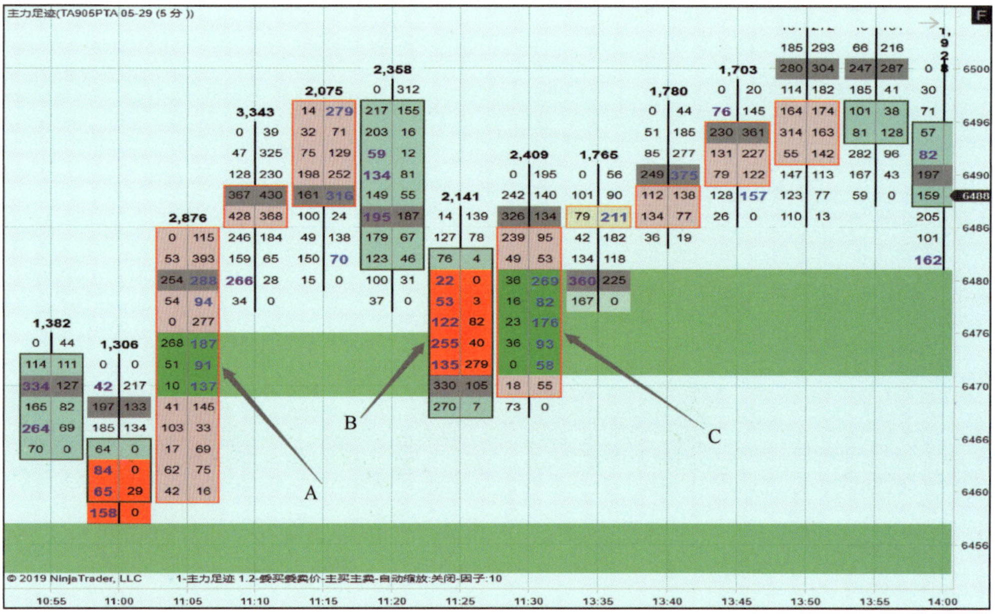

我们大约会在 6480 的价位入场做多。

在一整个交易日中，会存在很多的失衡堆积现象。如果我们专门按失衡堆积信号交易的话，总会有一部分交易成功，一部分失败。但是我们每次的损失都是 1~2 跳的价格，却能博得 10~20 跳的上涨空间，将胜率和盈亏比结合来看，这个交易方法还不错。我通常会在相对较长的时间周期应用这个方法，如 15 分钟 K 线或 30 分钟 K 线。

当然，如果我们发现图表上出现了堆积区间时，也不要高兴得太早，我们还应该观察成交量的大小。举个例子，如果处在一个吸收震荡区间，当价格突破区间上沿，伴随着成交量的放大，形成了需求堆积区间，我认为这个支撑位是比较可信的。如果是价格正处于上涨趋势之中，出现了连续三个价位需求失衡，但是成交量上没有显著的放大，只是主动卖单量相对缩小，我认为这个支撑带可信度并不高，因为它背后没有足够的成交量支撑。我们要牢牢掌握支撑带和阻力带背后的逻辑，对于支撑带，如果价格再次回到这个区间，多头会再次涌现，所以成交量的大小代表了投资者对这个区间的认可程度。

价格经常在继续原先的趋势之前先回踩失衡堆积区域，因此失

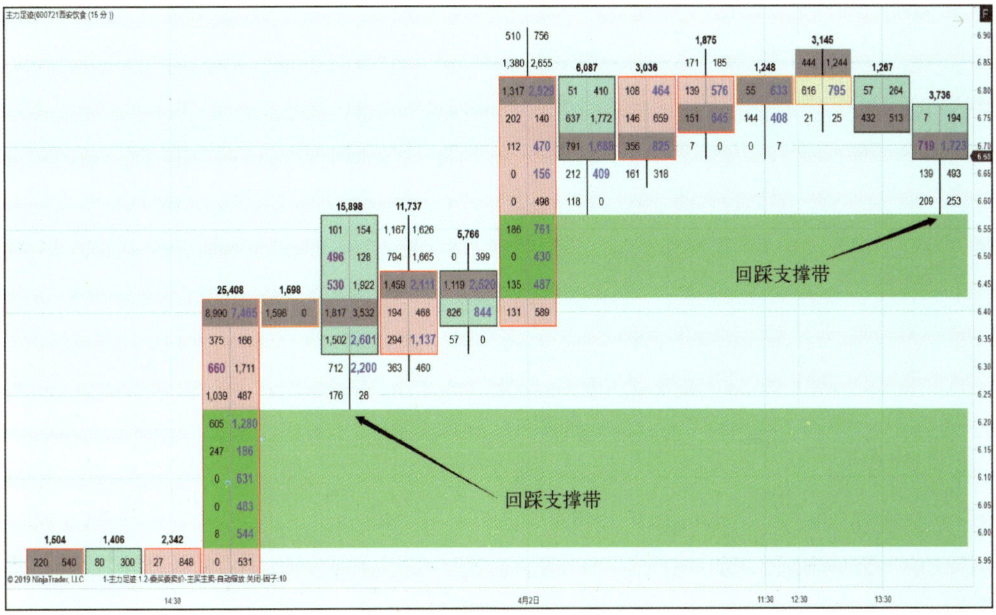

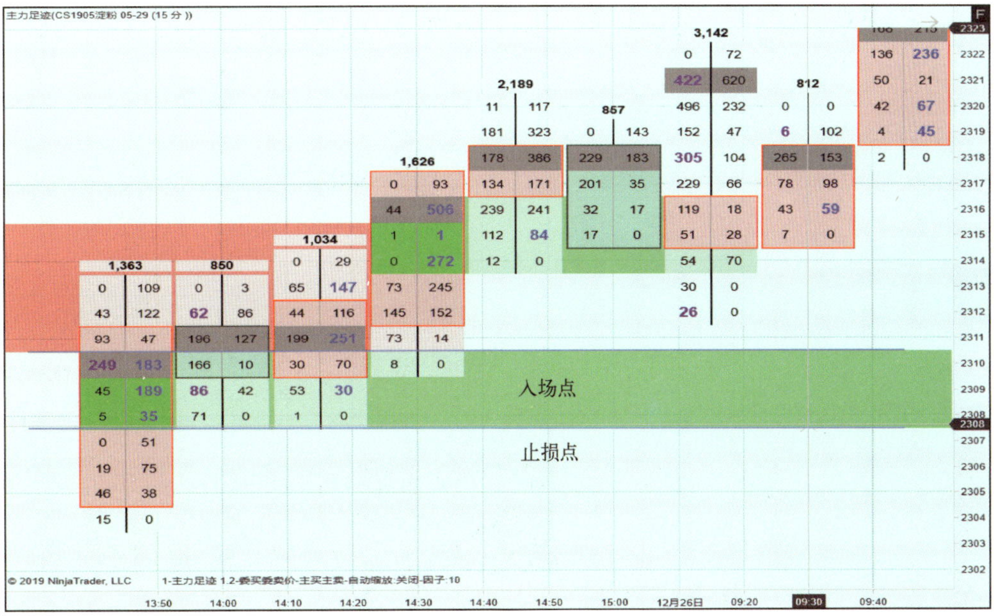

衡区域提供了很好的低风险入场点，风险仅在 1~2 跳的价差。

我们的订单流软件有一个功能，就是可以自动甄别失衡区域，并呈现在图表当中，直观地提示用户潜在的支撑位和阻力位。如果是需求失衡我们会用绿色区域进行提示，而供应失衡我们会用红色区域显示。

如果某根K线收盘价在支撑带之下，或者在阻力带之上，我们判定这个支撑带或者阻力带已经被打破，或称为失效，当然我们也可以用最高价或最低价来判定是否被打破，这些都可以在软件当中进行设置。

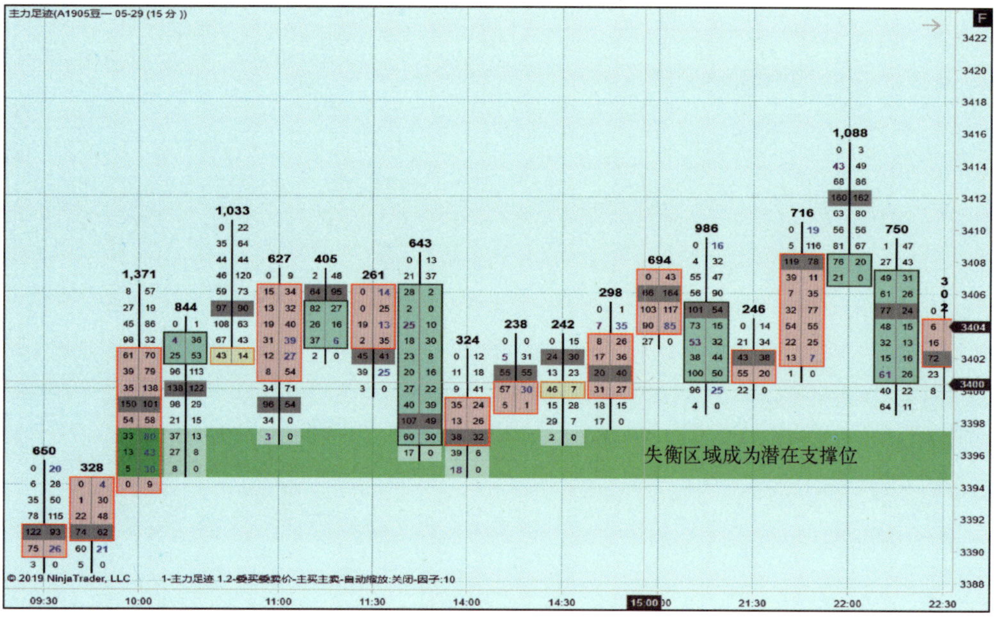

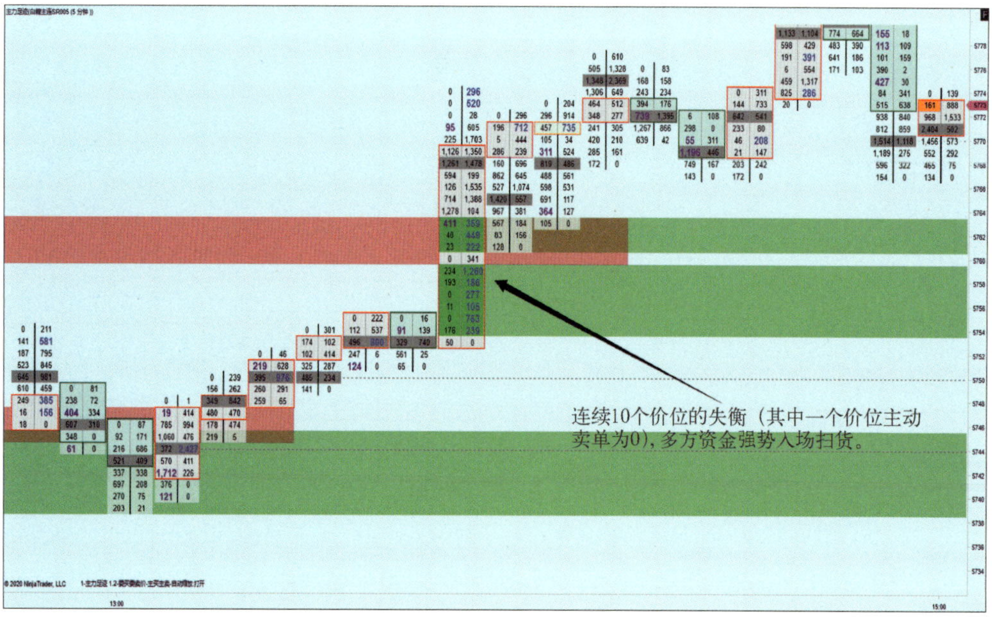

被套交易者

“被套”的交易者是指那些短线交易者错误在趋势顶部入场或者在趋势底部做空，而市场没有如他们预期般运行。市场反向运行使得他们手中的头寸的亏损不断扩大，他们必须要平掉自己的头寸来保住本金。

在某些关键的价位，比如前期高低点，或者市场中很明显的阻力位、支撑位，往往会被主力资金利用来设置陷阱，在突破这些关键位置的时候会吸引大量的跟风资金做突破，这个时候我们就要密切留意订单流图表上的变化，如果出现了大量的失衡但是价格没有上涨，反而快速的下跌，说明有更强大的力量吸收了这些做突破的筹码，让这些人处于被套的境地，留在了山顶。

如果在接近 K 线底部出现了供应失衡现象，伴随着高成交量，主动型卖方明显多于买方，但是价格并没有下跌，相反趋势调转并收盘在高位，这说明被套空头交易者出现了。市场中有句老话：总得有人到了市场底部才交出自己的筹码，而被套空头交易者正是这些到了底部才做空的人，他们是在下跌趋势中最后做空的人。

当不平衡点位出现在价格顶部，即 K 线顶部的主动型买单远多于主动型卖单，而价格却没有进一步上涨，相反价格开始了下跌趋势，我们判断顶部有大量的人被套。被套多头交易者是指在上涨趋势最后时刻才入场做多的人，他们必须止损来控制风险，而这些止损单会给下降趋势再添一把火。

被套交易者是那些由于趋势反转而被套的人，他们迫切地希望价格能反转至他们的成本价位让他们解套。他们很快地察觉到自己做了错误的决定，并在不断扩大的亏损压力下被迫放弃了自己的头寸。

如果我们从订单流中发现了这些被套交易者，这通常意味着短线交易机会。这可能不是长期趋势结束的信号，但它通常能带来短期价格的反转。

当被套交易者受不了精神的折磨，决定放弃自己亏损的头寸，并且主动型交易者再次积极地进入市场，一波新的趋势可能就此开启。

传统 K 线图是无法向我们展示这些被套交易者的存在的。我们需要武器能真正帮助我们看清埋藏在价格底下的那些市场行为。

订单流分析能被应用于更长的时间框架，当然并非被套交易者一出现，价格走势都会像图示那样清晰明了。但是它提供给我们的是一个相对高收益和低风险的入场点，有时候一年有那么两次精准的高抛低吸就足够我们发现订单流的价值了。

接下来通过一些案例进行说明。

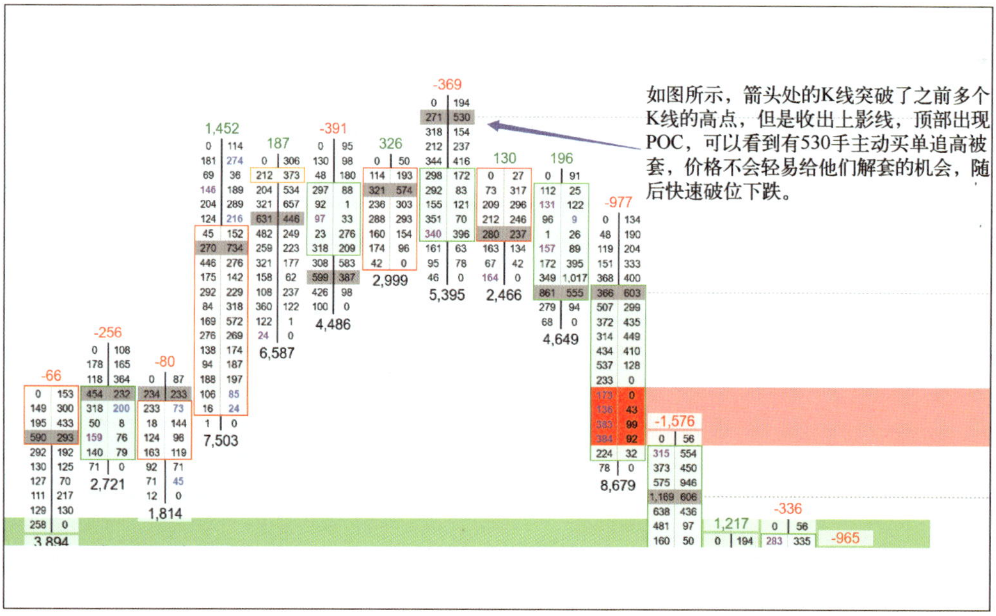

如上图所示，箭头处的 K 线突破了前几个 K 线的最高点，冲高回落收出上影线，顶部出现了 POC，可以看到 530 手主动买单追高被套，他们看到突破信号后急迫的入场，市场却没有向他们预期一样快速上涨，侧面说明顶部的巨大压力，价格回落后，聪明的交易

者已经开始站在空方，而追高被套的交易者，市场不会再给他们解套的机会。

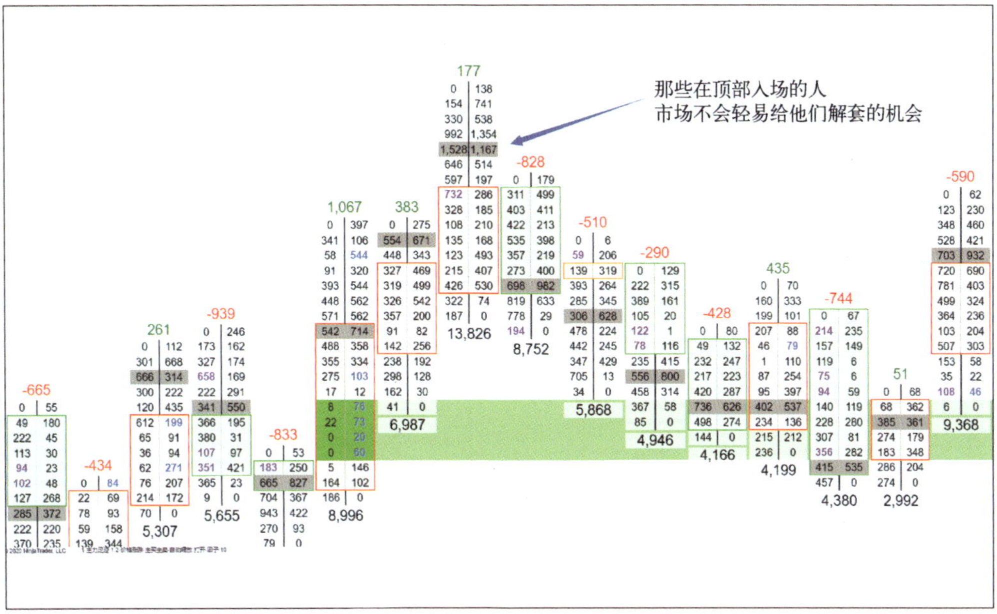

可以清晰的看到顶部的 POC 出现了大量追高入场的买单，价格上冲后迅速地回落，让他们绝望地成为了这场博傻游戏的最后一棒，这是主力资金设置的陷阱，他们利用大众交易者追涨杀跌的心理，推动价格快速地移动，如果有了订单流工具我们就能发现这些陷阱。

同时，这也给我们提了个醒，如果很不幸自己成为了那个被套在山顶的人，一定要坚决止损，而不能眼睁睁地看着亏损不断扩大。保持纪律性，敬畏市场。

有一句老话说得好，影线往往蕴含着主力的阴谋，在诠释被套交易者的概念时再合适不过了，我们可以看到东方财富的几根上影线都出现了大量的需求失衡，说明主力在暗中派发自己手中的筹码。可以发现股票中被套交易者出现的频率会大很多。因此，在我们发现这是主力陷阱的时候，一定要鼓起勇气，跟着主力的思路进行操作。

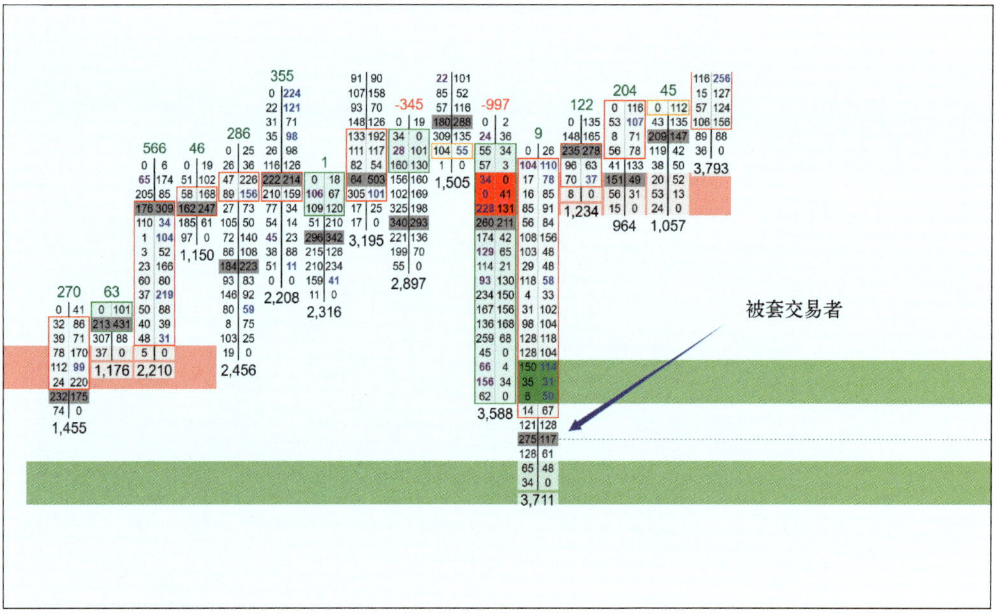

妖股模塑科技涨停炸板后的回封，可以看到底部出现了大量被套交易者，体现了很强的承接力，主力资金回封意愿强烈。

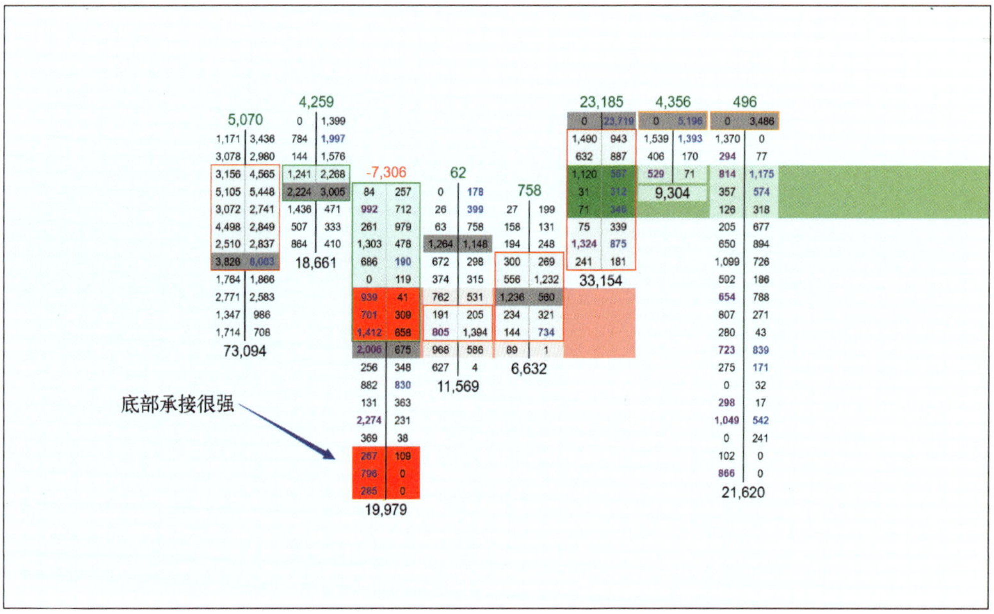

在上涨趋势中观察到被套交易者出现，并非是趋势终止的体现，而是趋势需要暂时的休息，因此当我们在上涨过程中观察到了被套

交易者，是很好的止盈点位，在高点抛售后在低点接回，赚取中间的差价。

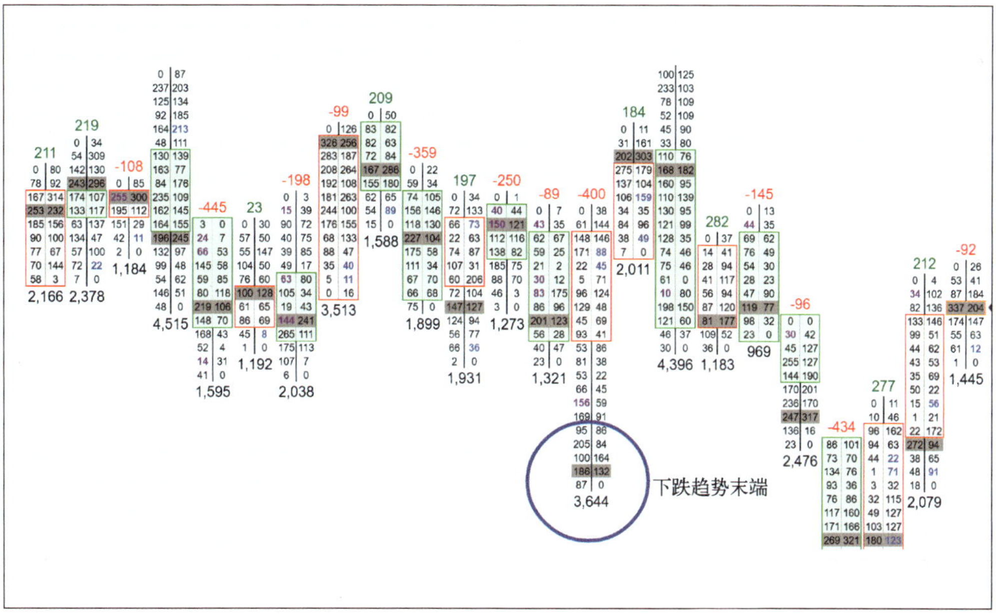

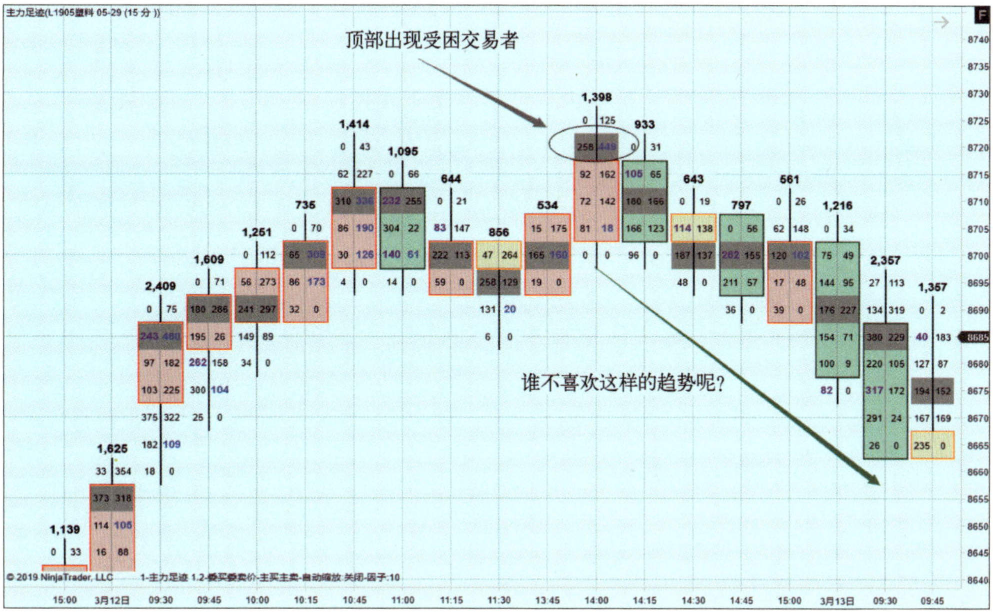

我知道直接说被套交易者的449手合约直接导致了市场的反转听起来很牵强，更合理的说法是市场情绪在那一刻开始改变，趋势

已经无法维持强势了，而被套交易者是赶在趋势末尾入场的人。

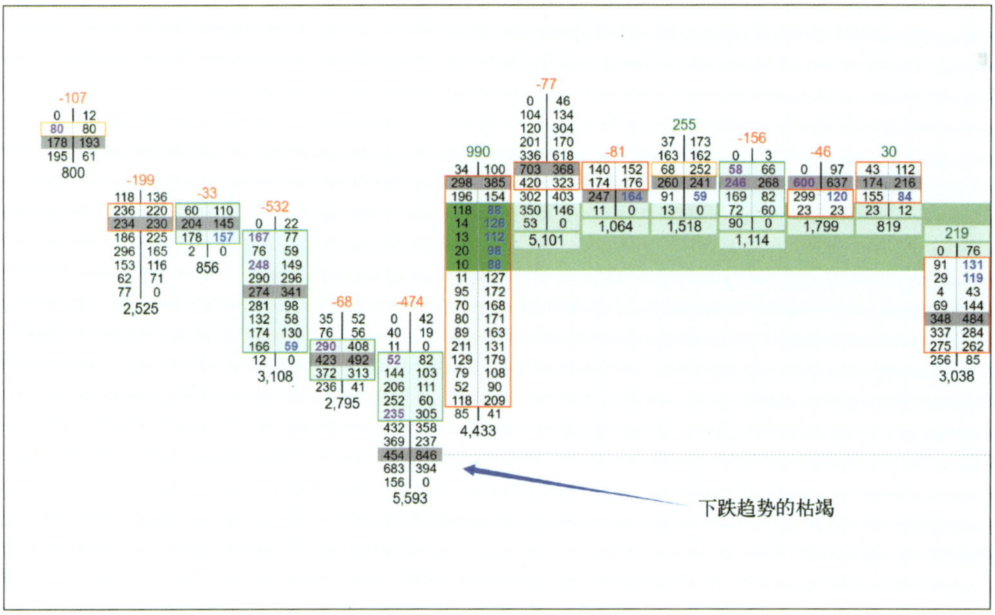

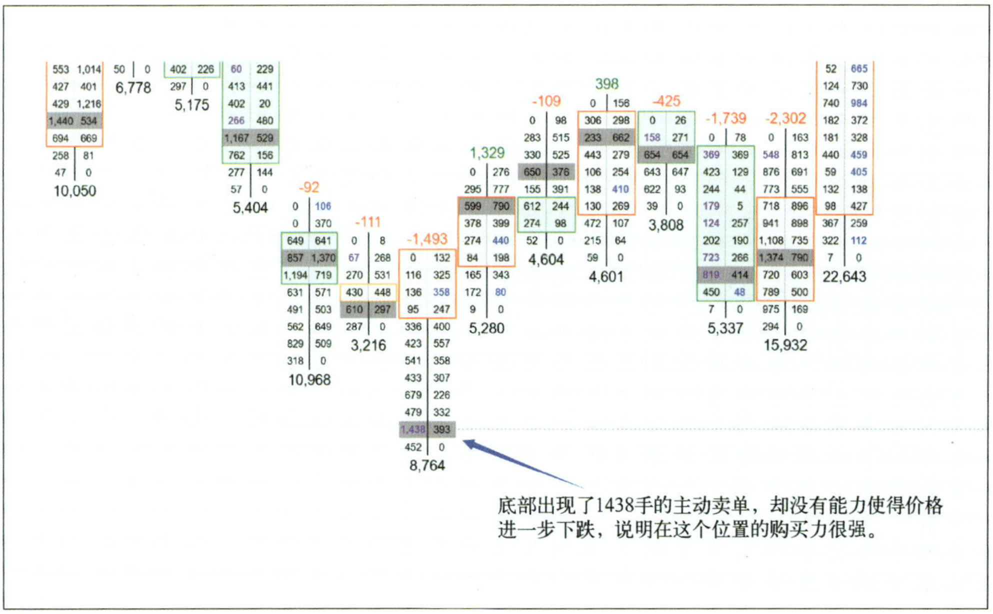

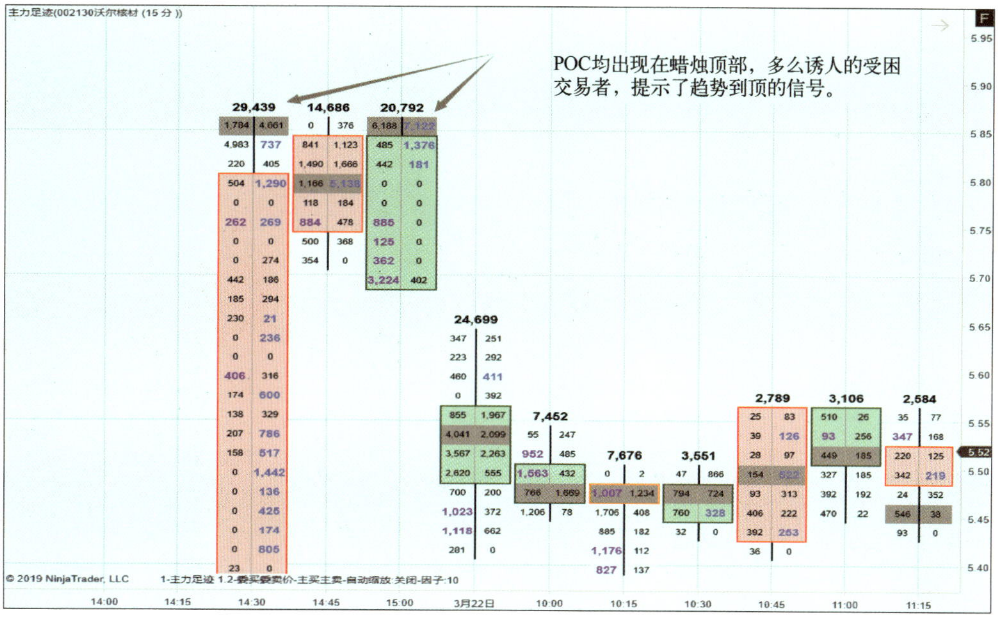
主力足迹(002130沃尔核材 (15 分))
POC均出现在蜡烛顶部，多么诱人的受困交易者，提示了趋势到顶的信号。
© 2019 NinjaTrader, LLC
1-主力足迹 1.2-叠买叠卖价-主买主卖-自动缩放 关闭-因子 10
14:00
14:15
14:30
14:45
15:00
3月22日
10:00
10:15
10:30
10:45
11:00
11:15

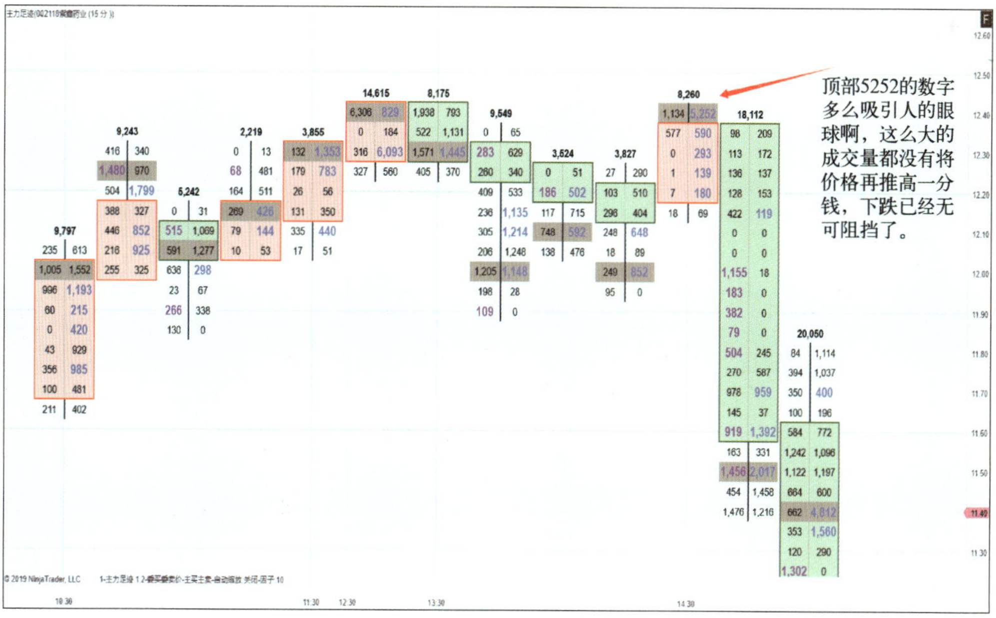
顶部5252的数字多么吸引人的眼球啊，这么大的成交量都没有将价格再推高一分钱，下跌已经无可阻挡了。

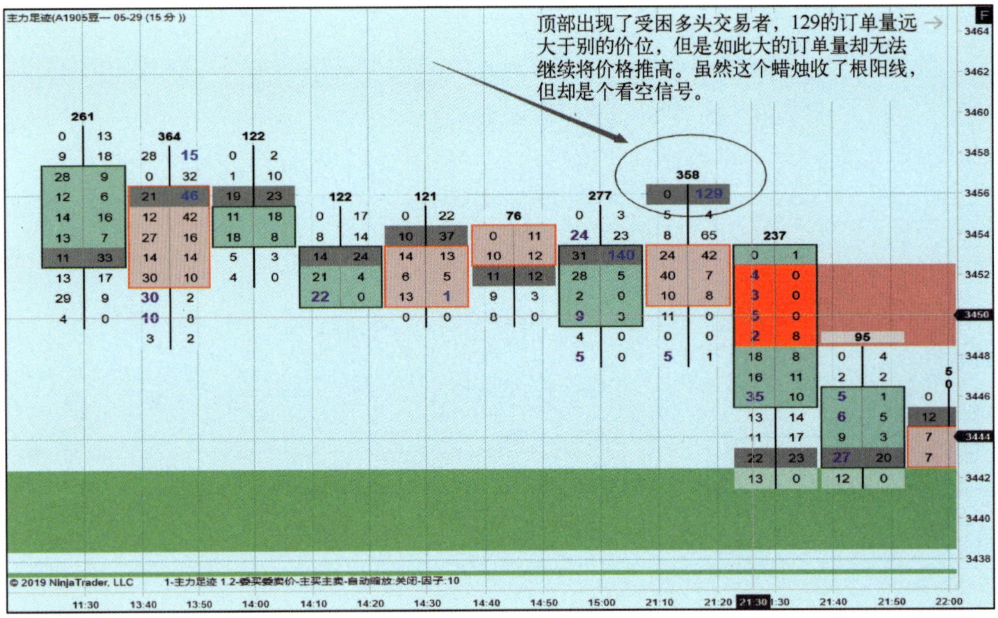
顶部出现了受困多头交易者，129的订单量远大于别的价位，但是如此大的订单量却无法继续将价格推高。虽然这个蜡烛收了根阳线，但却是个看空信号。

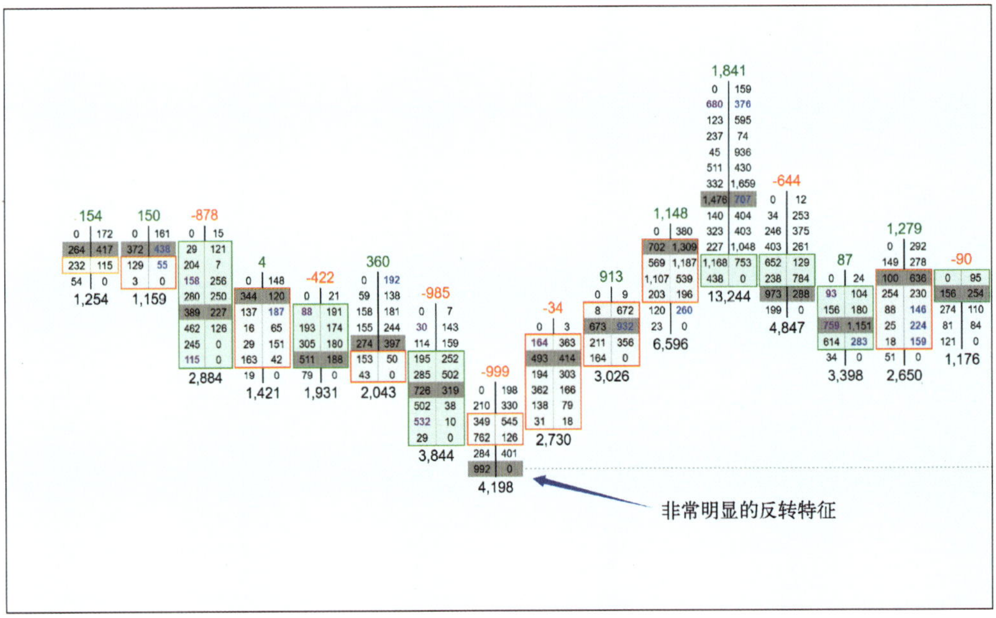
非常明显的反转特征

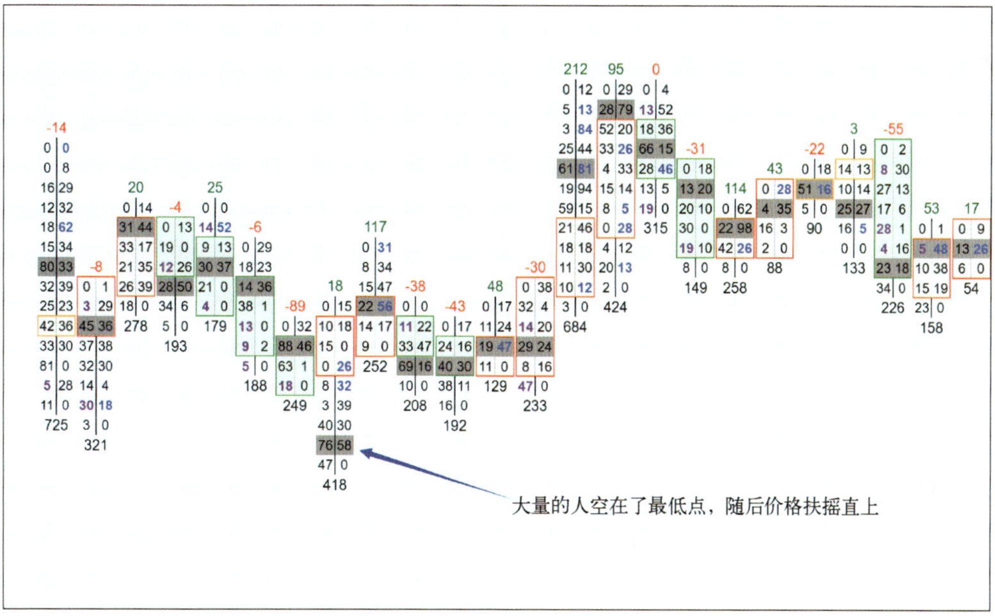
大量的人空在了最低点，随后价格扶摇直上

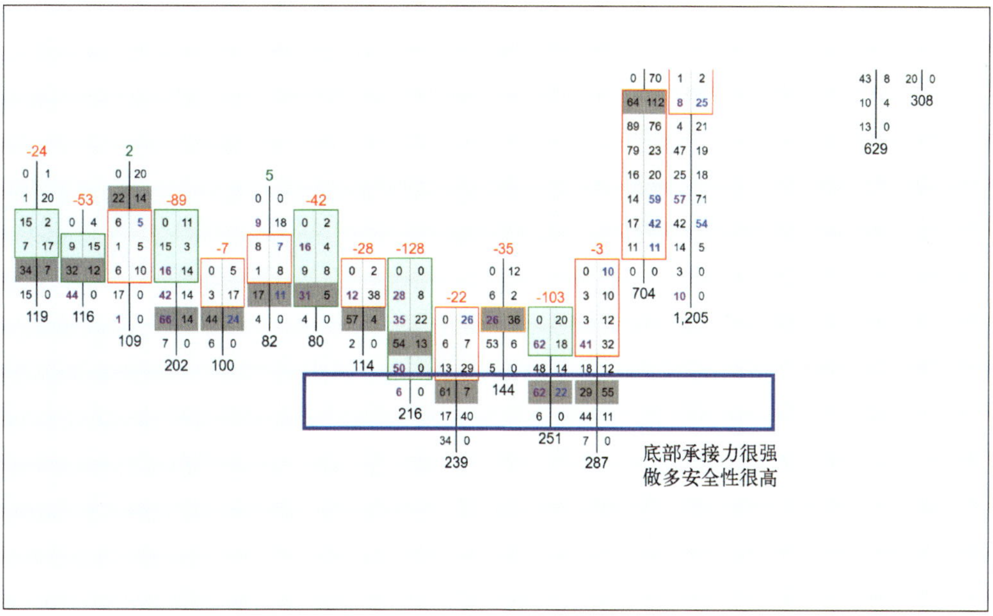
底部承接力很强
做多安全性很高

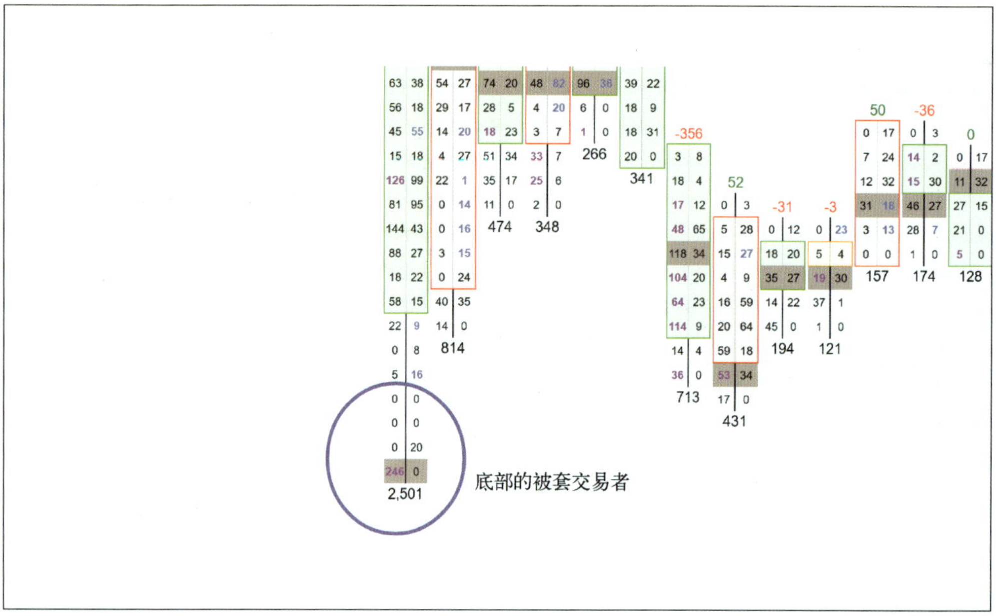
底部的被套交易者

吸收

价格总是会不断波动，直到达到价格区域使得多空双方能够互相博弈而不至于使价格有太大波动，这个过程叫做吸收。这个价格位置，多空双方都很乐意进行筹码交换，在订单流图表上，主动买方和主动卖方都出现了大量的成交额，而Delta和总成交量的比值却相对较低是这个区间的明显特征。

或许传统的技术分析会将吸收现象理解为盘整，但是两者是有不同的，这体现在成交量、Delta和波动率上。首先，盘整和吸收都是发生在一个区间内，盘整的原因不局限于市场内部的价格行为，也来自于市场外。可能美联储的某个决策导致成交量下降，价格波动区间缩小，看起来似乎很像吸收。又或者节假日的来临，许多机构放假导致成交量下降，还可能是非农数据的公布。这些都会导致价格运动前的一段盘整，缺少盈利的机会。

而吸收现象的特点在于主动型的买方和卖方都大量出现，交易踊跃，这里发生了大量的筹码交换，是供需双方的主战场。我们可以形象理解为主力资金的吸筹和派发与盘整不同的是，吸收现象会伴随着出现放大的成交量和比较极端的Delta值的出现，同时价格的波动率也会有所增加。

这里我们需要理解，阻力位和支撑位的本质是什么？并不是价格回调到前期低点，或者5日均线，斐波那契回撤的位置，而是说在这个价位，我们看到了大量的主动型和被动型的买方承接市场的卖单，使得价格无法向下突破，空方的努力没有得到应该有的结果，价格出现反弹，而这个努力就体现在成交量、Delta和波动率上。

那如何判断当前区间的交易究竟是枯燥的盘整还是主力资金的吸收呢？重点是要观察在区间极值点位置价格波动的情况，如下图所示。当主力资金有意控制价格进行吸筹和派发的时候，区间的极值点位，也就是我们常说的阻力和支撑的点位，会出现比较明显的吸收，每次价格来到区间上沿试图突破，都会出现大量被动卖方吸收买方的订单，随后使得价格回落；每次来到区间下沿的时候，都会出现很明显的被动型买方吸收做空订单，随后价格反弹，主力资金控制了价格运行。

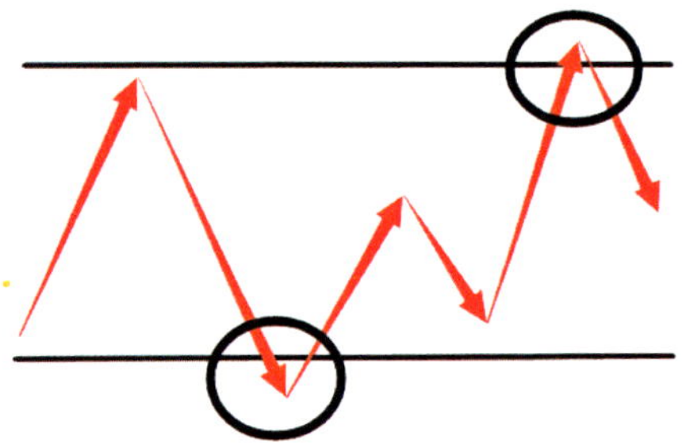

大资金此时不会大举进入并主导市场，他们交易一定数量的筹码而不至于对市场造成太大的影响。大资金能够主导市场，但是市场中不止一个玩家，很可能有好几个大资金玩家，一些中等资金的玩家，以及一群小资金玩家，他们在这个区间大量地进行交易，而价格走势总体上不受任何一方的主导，这个过程就叫吸收现象。买卖双方似乎都很满意当下的情况。

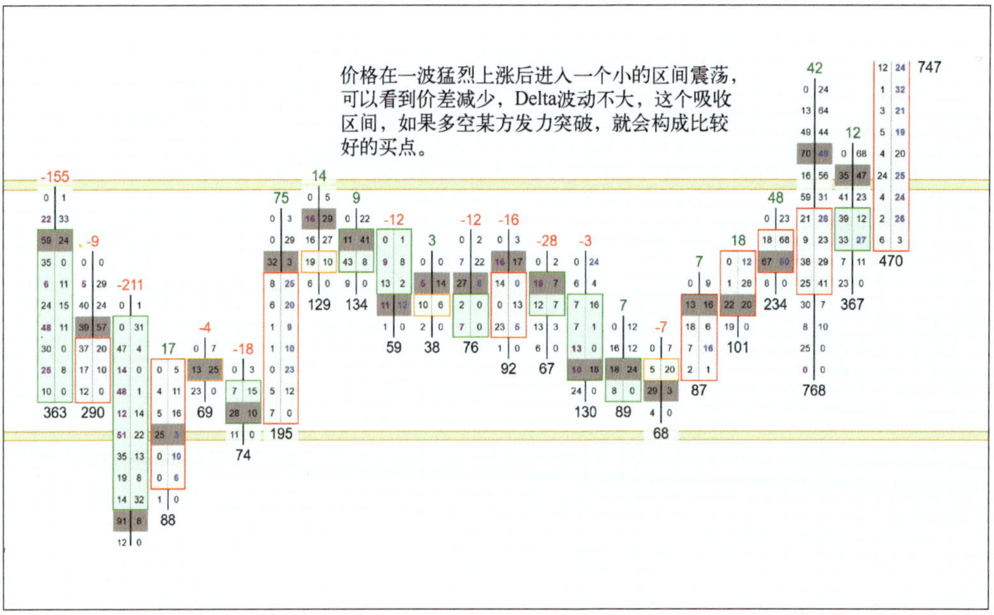

所有价格运动都源自于供需不平衡。而吸收现象给我们提供了低风险和潜在的高回报机会的入场点。当需求超过供应时，意味着吸收现象的结束，市场开启上涨，反之亦然。价格突破吸收的价格区间意味着交易机会的来临，而订单流给我们提供了观察吸收现象的条件，我们可以精确地观察到在某几个价位是否出现了大量的筹码交换，多空交锋，而这是传统 K 线图无法做到的。

吸收现象任何时刻都可能发生，而且在任何时间框架下都能够观察到，小到 5 分钟，大到 1 小时。当看到了吸收现象时，我们通常要留意吸收现象之后的价格行为。一波大的趋势总是在吸收现象之后开始启动，这意味着市场中的买方或者卖方已经建立好了自己的头寸。吸收现象的减弱意味着价格已经可以轻易地在一方的力量带动下启动，这体现在价格波动率或者形态上，比如收敛三角形、价格波动下降、成交量下降等，都是吸收现象即将结束的特征。例如在区间内，市场上阻止价格上涨的筹码都收集到了大资金手中，此时价格就可以自由的上涨而不会遇到太多的阻力。

在识别吸收现象的时候，通常需要对当前的大背景进行一个判断，通常吸收现象发生在趋势的结束阶段以及趋势的阶段性盘整中，也就是我们所说的不平衡区域。如果价格本身处在大的区间内部震荡，那出现吸收的可能性就比较低了，因为市场总体上属于平衡状态，而如果价格运行到区间的上沿或者下沿，或者在趋势的运行中出现二次吸筹或者派发的过程时，吸收现象就比较容易识别。吸收的出现预示着在价格高点处需求碰到了供应的反扑，或者在价格低点处供应遇到了来自需求的反抗。如果新的供应或需求出现，趋势会停止。

寻找吸收区间的好处在于它能给我们提供突破买入的机会，在突破前观察到吸收现象让我们更加有信心，因为在区间内多头和空头在争夺市场的主导权。而供需转换发生后，价格就很容易出现偏离其价值的表现，吸收现象的结束就是趋势即将启动的前兆，就像暴风雨来临之前都是平静的夜晚一样。

顺便提一下，如果吸收发生在一天的最后几分钟，这并不意味着新的供应或需求进入市场。这个现象主要原因是一些交易者为了不留隔夜仓而平掉自己的仓位，或者大型对冲基金尝试以收盘价执行交易指令。

下面进行一些吸收现象的案例讲解。

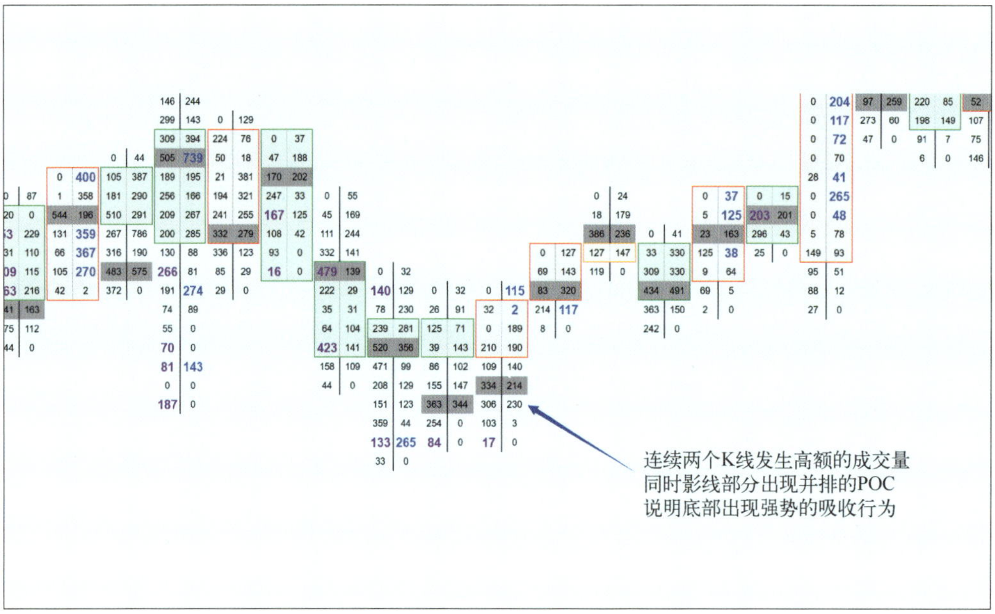

观察 POC 的位置及其数值的大小是找到吸收现象的一种可靠的方法，如果在下跌趋势的末端，或者上涨趋势的顶部，我们看到了影线上聚集了大量的 POC，数值明显放大，这通常是市场在告诉我们，趋势可能会发生反转了。这是最直观的市场特征在告诉我们，下跌趋势的底部有人在抄底，或者上涨趋势的顶部有人在出货，当然并不是说趋势一定会因此反转，如果出现更强大的力量把这些潜在的抄底摸顶的订单吃掉，这通常是趋势加速的特征，而这些企图抄底摸顶的人将被迫止损。

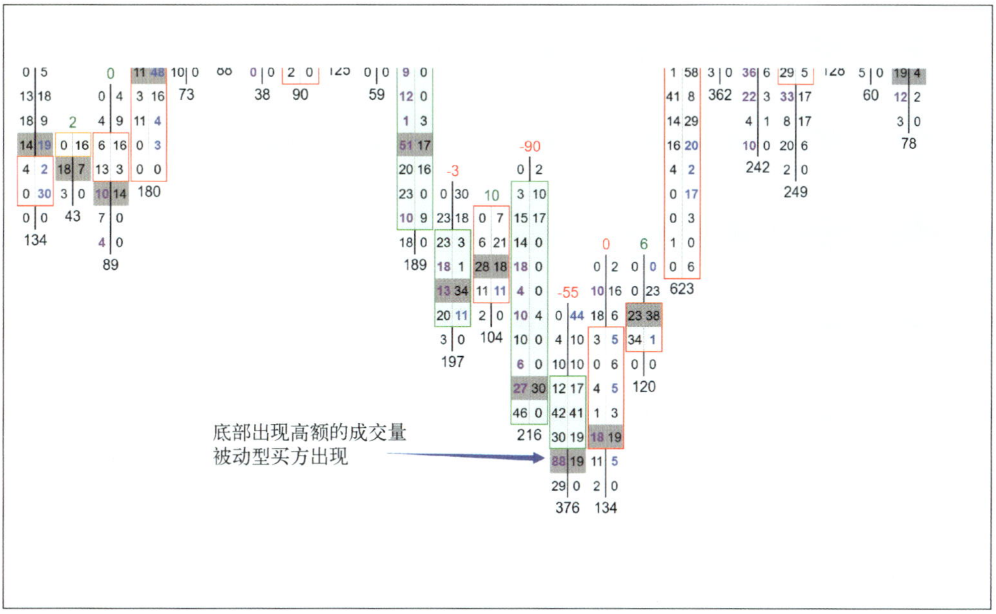

白糖 5 分钟图表，底部爆发了高额的成交量，主力资金接住了所有的抛压，如果我们计划在这个价位抄底，那这个信号将会让我们更加有信心，同时我们的止损将会非常的小，就放在吸收现象出现的下方，让大资金保护我们。

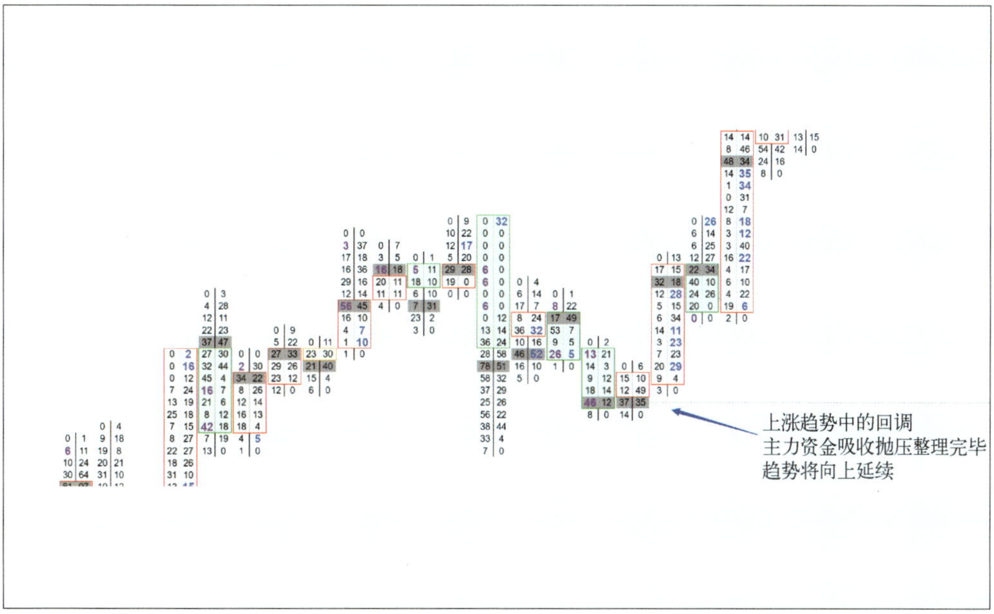

对于强势行情的回调，如果观察到了明显的吸收行为，这通常是二次上涨的特征，主力资金借机清理一些获利盘，同时进行再吸筹。通过订单流，我们能够看清主力的一举一动。

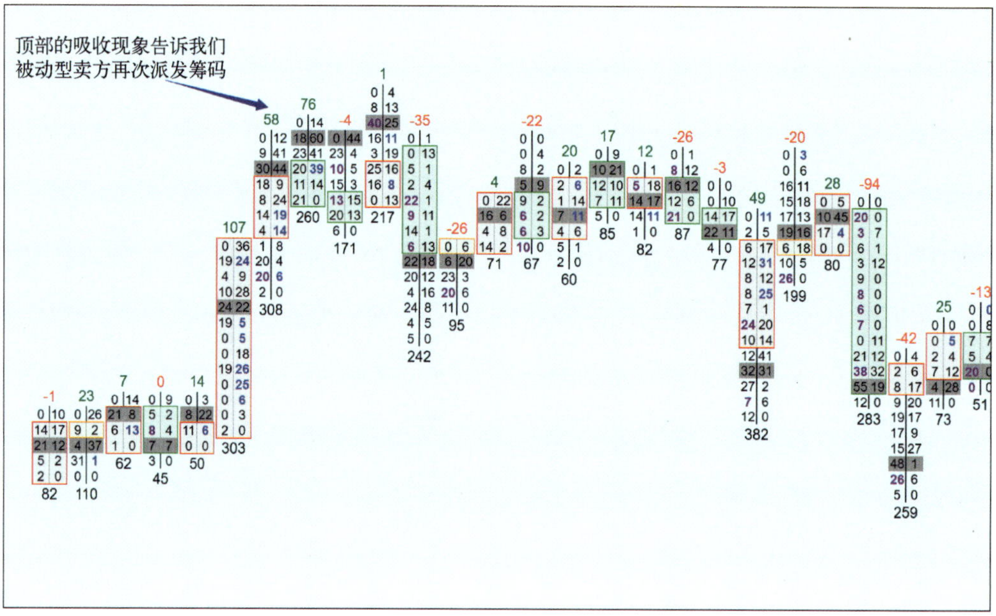

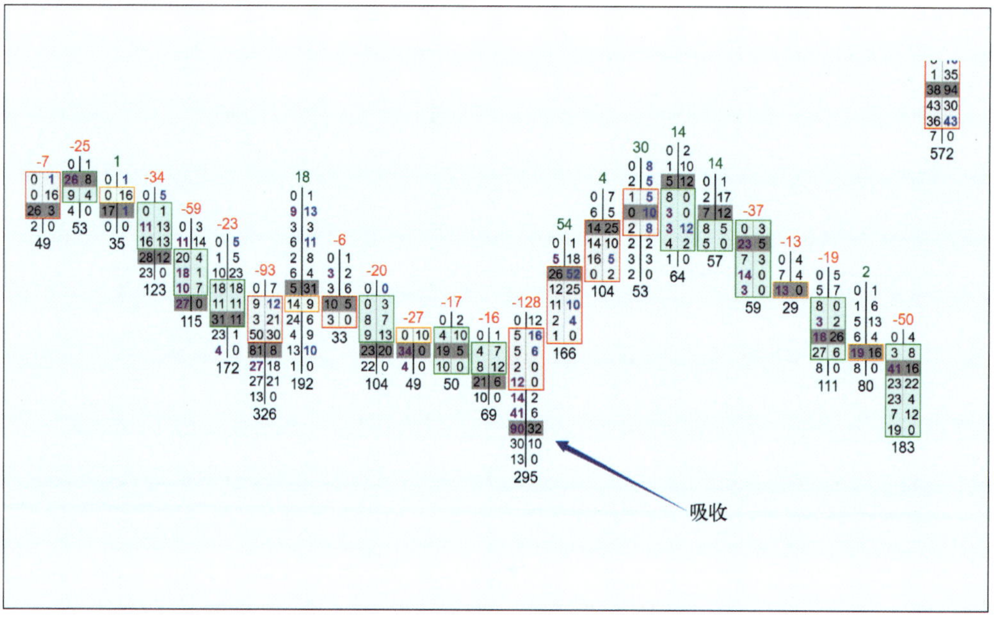

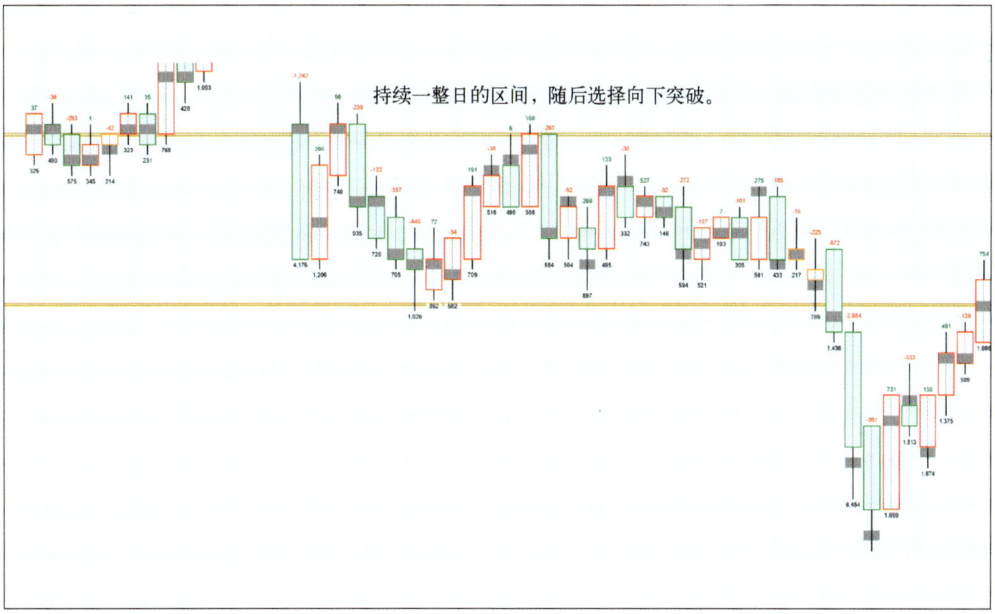
持续一整日的区间，随后选择向下突破。

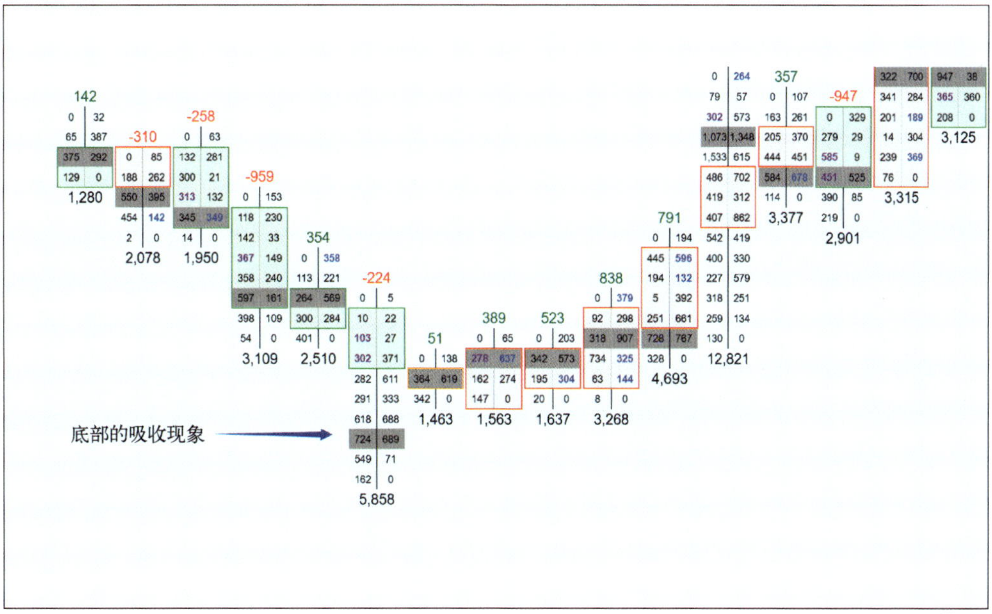
底部的吸收现象

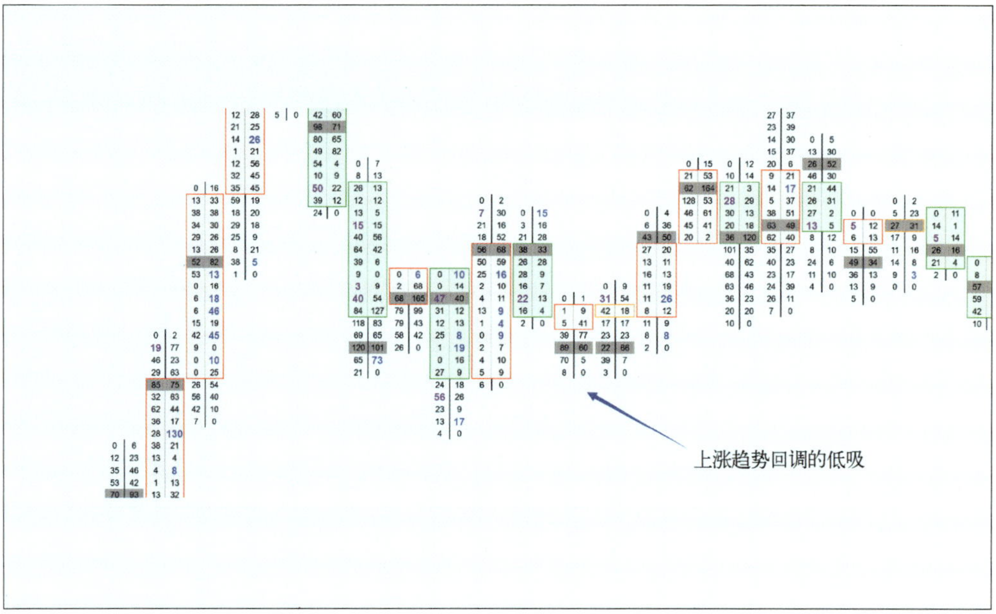
上涨趋势回调的低吸

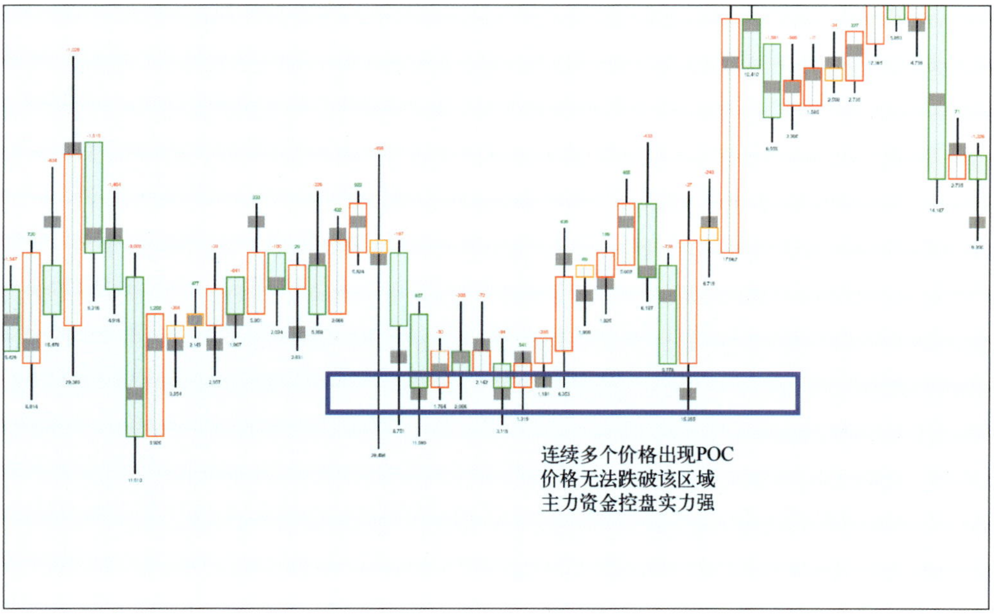
连续多个价格出现POC
价格无法跌破该区域
主力资金控盘实力强

主动出击

机构交易者主导着趋势，如果在某个价位他们无法达到交易计划的持仓量，则他们对该品种的心理价位会开始发生改变，趋势开始启动，这种现象叫作主动出击。

将价格推动出其价值区间需要很大的推动力，也就是大额的订单。散户投资者是没有足够的资金和能力将价格带离其价值区间的。

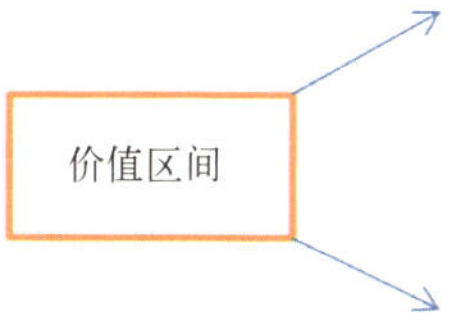

主动出击之前通常会有一个吸收区间，这预示着有主力资金在暗中吸筹。因此，区分吸收区间和盘整区间尤为重要。对于采用突破交易策略的人，假突破现象的产生令人头疼，他们大部分是混淆了突破的是吸收区间还是盘整区间。

价格在强大的需求下上涨，突破其价值区间，这种现象叫多头主动出击。价格在供应压力下跌破价值区间，这种现象叫空头主动出击。

当然，要判断是否脱离价值区间，我们首先应该清楚价值区间在哪。当资产价格脱离其价值区间的时候，其背后的原因是我们首先需要关注的。是主动出击在起作用吗？是多头主动出击带领价格上涨的吗？如果价格下跌，是空头在主动出击吗？

如果价格在一方的带领下突破了价值区间，但是没有观察到强劲的推动力，那我们就需要关注另一方的回应性行为。更精确地说，观察另一方是否对这种行为进行了有力的回击。举个例子，当你想要买房子的时候，通常会先报上预算，如果房子价值 100 万元，你喜欢这套房子，但又不是很着急，你通常会先报 75 万元的预算，看看是否有卖家回应。房子的卖方看到这种情况，则降低售价至 85 万元，因为他希望尽早出手，但是你对你的底价很坚定。最终卖家不想继续煎熬了，按照你的出价完成了交易。在这种情况下，你就作出了回应性行为。房子的价格已经跌出了它的价值区间，你的订单在价值区间之下，相当于限价单成交。

主力资金在价值区间内积累筹码，当区间底部已经没有更多人愿意抛售后，主力资金会抬高收购的价格，这是一种微妙的供求关系转换，最后主力结束了吸筹的过程，强势突破价值区间。

价值区间突破，可以是从上方突破也可以从下方突破，我们需特别关注是否有回应性行为发生，将价格再次带回其原本的价值区间。

那我们又是如何决定价值区间的呢？通常是观察价格的总体情况，如果一天内 70%的交易发生在该区间内，则这个区间就属于价值区间，当然这个区间的选择和你交易框架与周期有密切联系，并不是一成不变的。

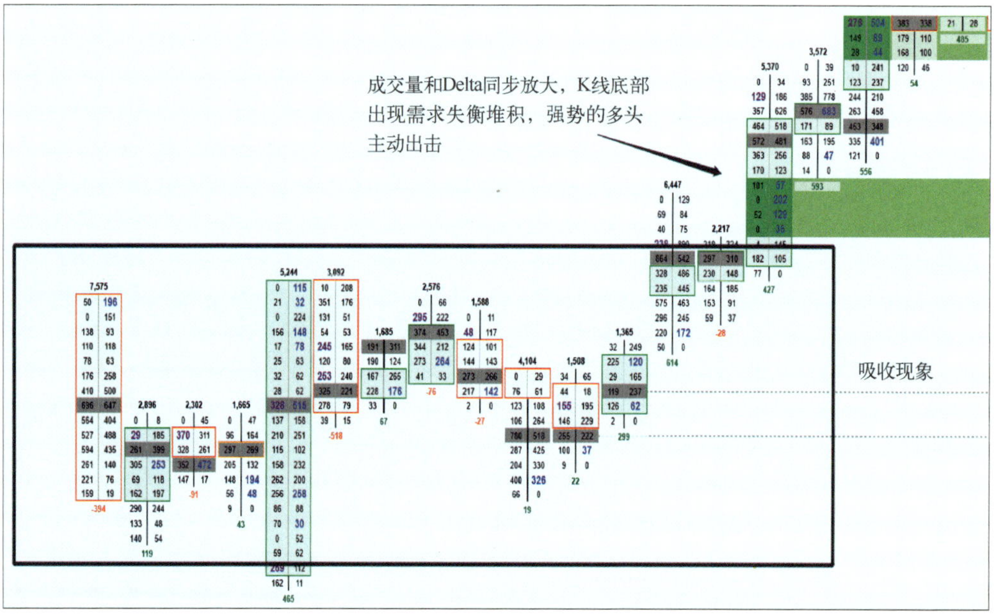

当价格开始突破价值区间的时候，观察它的突破行为。大额的成交量预示着机构交易者在主导市场。上图中我们可以看到突破 K

线强势突破了吸收区间，伴随着成交量和 Delta 的同步放大，证明了这根 K 线的力度，底部需求失衡堆积的出现给了我们更多的信心，主力资金已经在震荡区间收集了足够多的筹码，即将开始发起进攻了，当我们确认了这是真实的突破后，要做的就是第一时间上车。

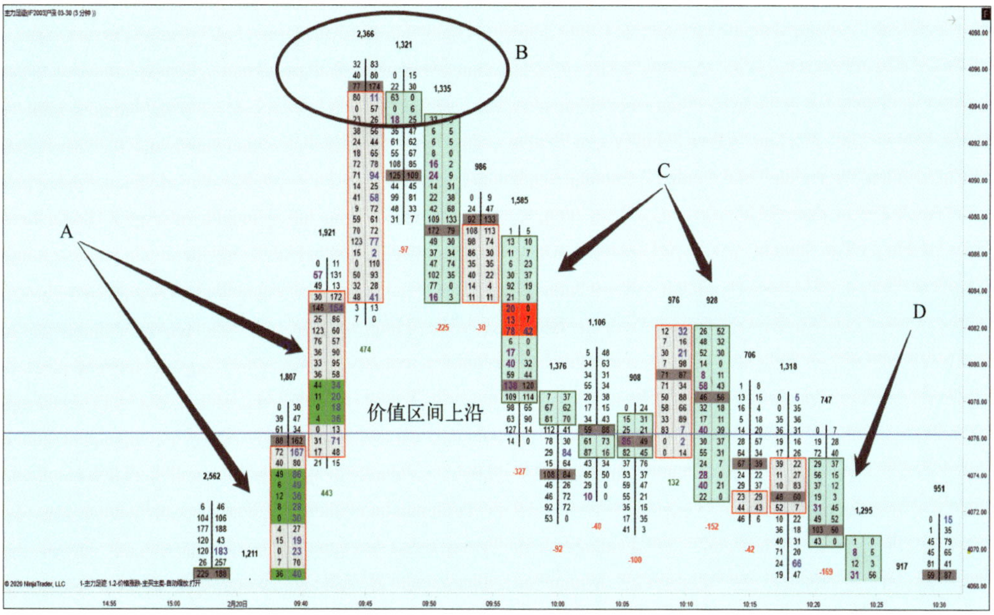

下面看一个反例，首先从上图中可以看到，蓝色的线是价值区间的上沿，从 A 点的两根 K 线看，成交量和 Delta 同步放大，出现了大量的需求失衡堆积，证明了多头非常强势的推动价格上涨，但是我们还不确定是否为真，因此需要观察突破过程中的供需关系的变化，B 区域的 K 线顶部出现了 POC，证明顶部存在一定供应，随后价格回落调整。如果是真的突破，我们希望看到多方资金能够吸收掉上方的供应，使得价格保持在价值区间的上沿，但是很遗憾 C 处两根 K 线，成交量放大，同时多个价位出现供应失衡，这相当于告诉我们供应的力量非常强大，我们也没有看到更多的做多资金涌现出来，最后 D 点 K 线收在了价值区间的下沿，彻底宣告了这次突破的失败。如果因为 A 点的两根 K 线而做多入场的，到了此时应该选择遵从市场，保持纪律，坚持止损，如果还抱有侥幸心理，之后将面临更大幅的下跌。

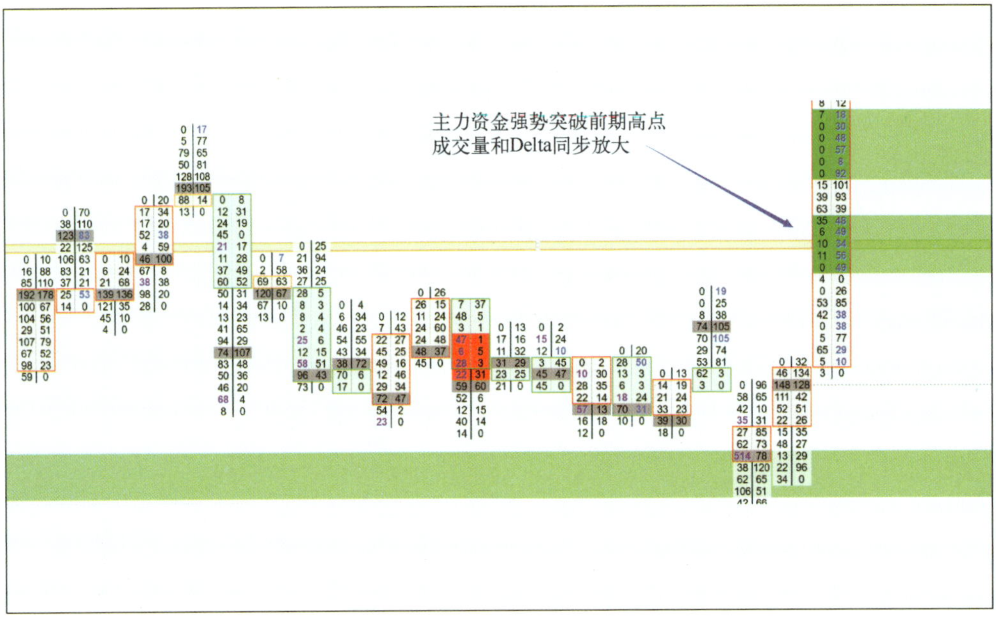

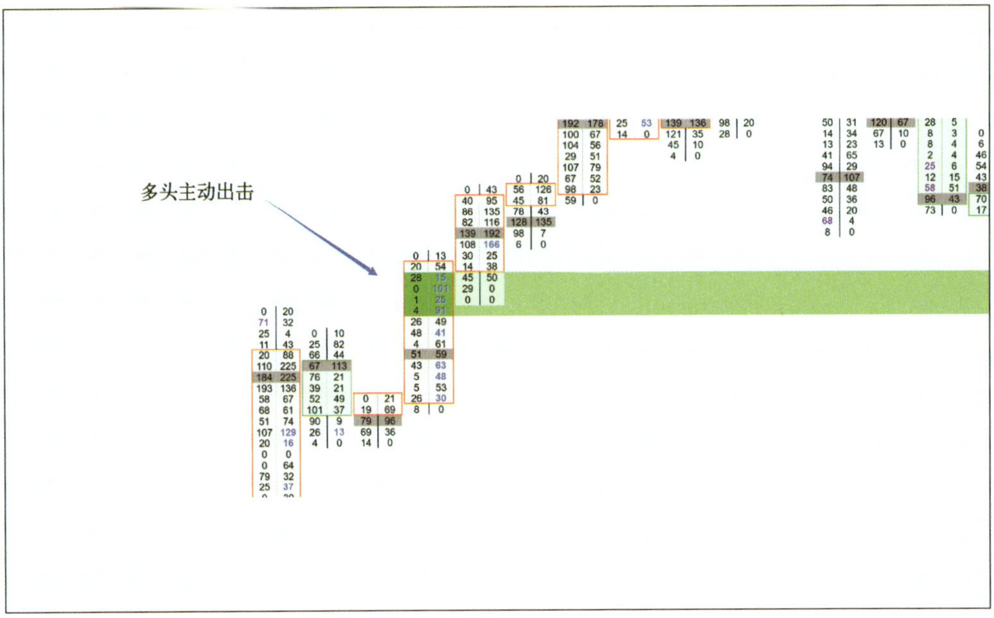

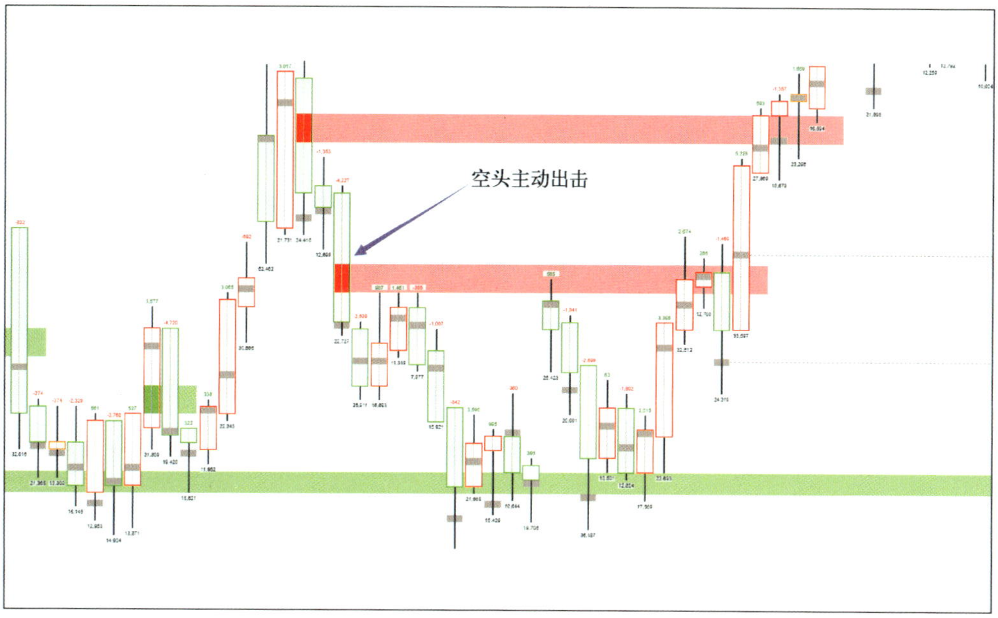
空头主动出击

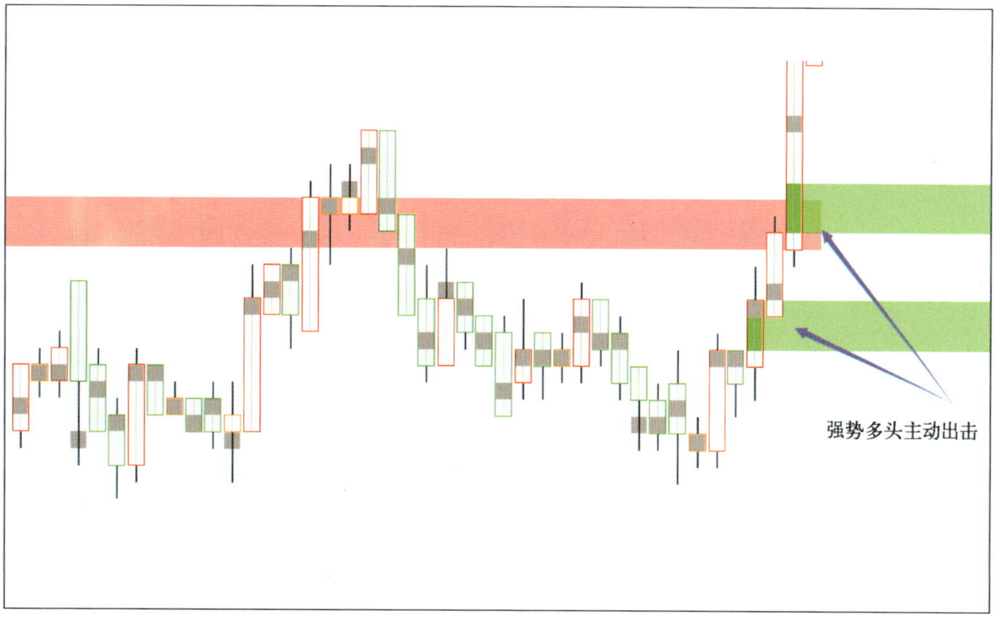
强势多头主动出击

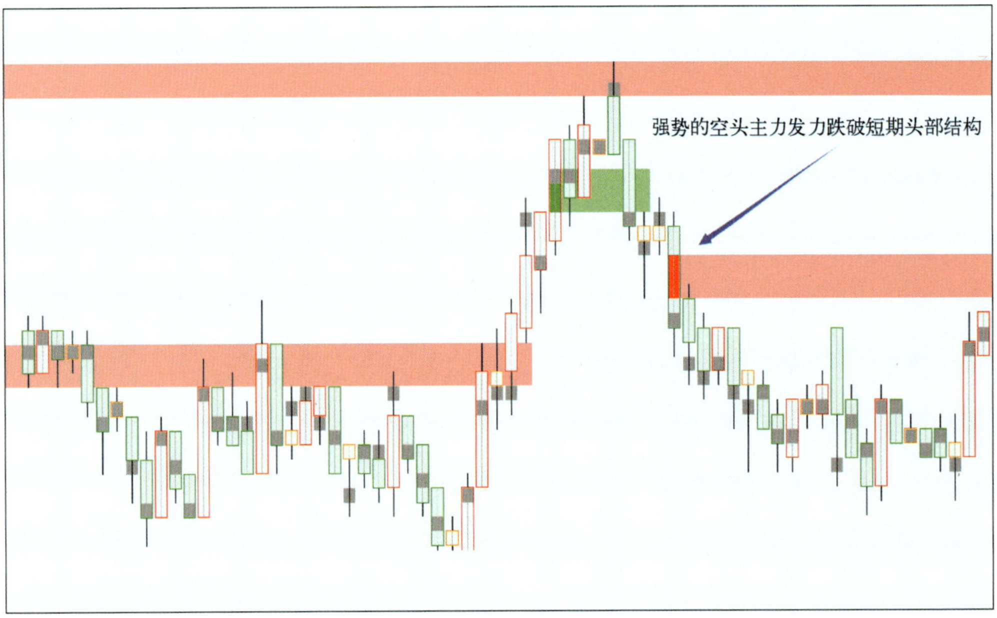
强势的空头主力发力跌破短期头部结构

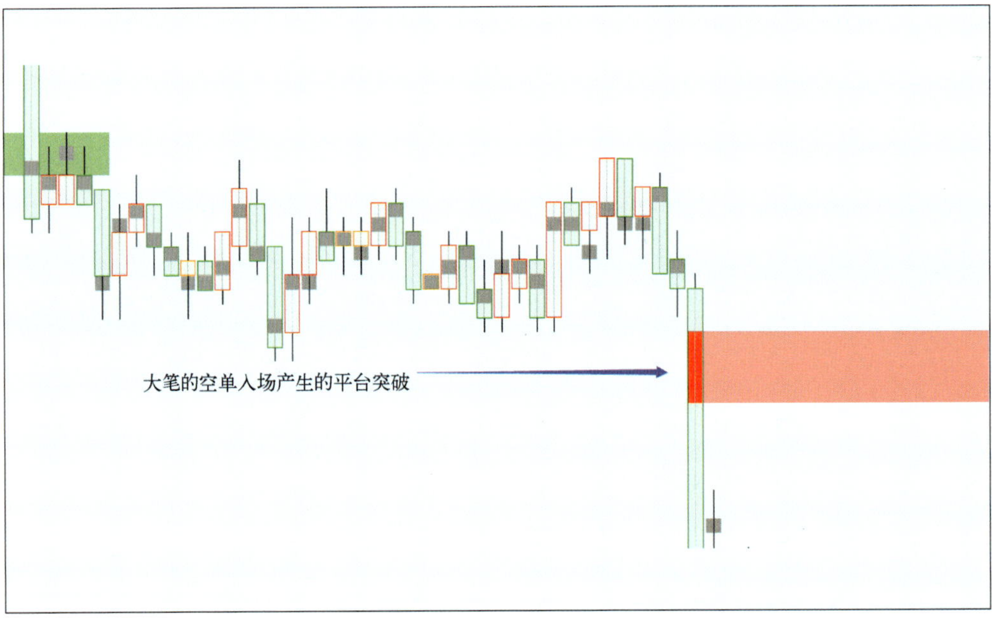
大笔的空单入场产生的平台突破

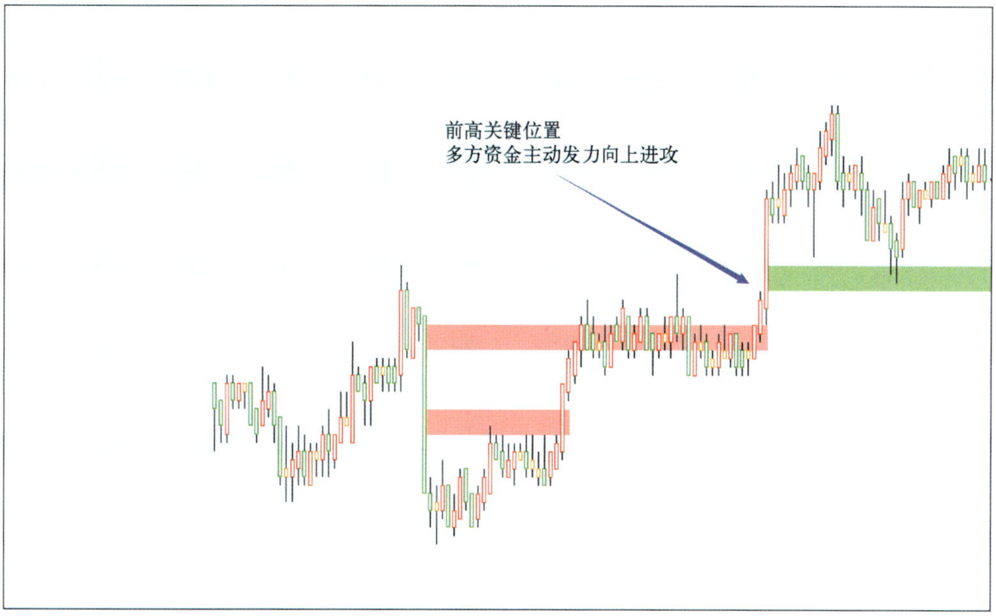

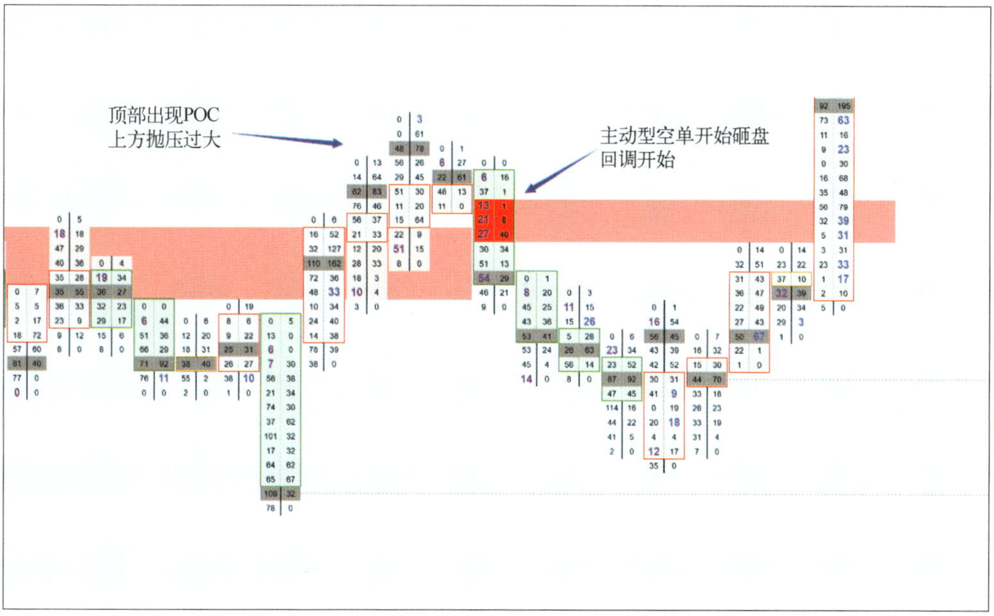

当你对主力行为和散户行为有更深地了解后，你就能通过订单流判断当前市场里到底在发生什么。

K 线图与订单流

K 线图是进行盘口解读和理解价格行为的一种简单的图表分析方法，在几百年前由日本人发明。它展示了特定时间区间的最高价、最低价、开盘价和收盘价。

投资者利用 K 线图预测后市的走势。投资者一直在寻找各种特定形状的走势，如圆顶、头肩顶、顶背离、出水芙蓉等，这些图案类型有时候管用，有时候失效，令人捉摸不透。

如今利用 K 线图分析的可靠性已经大大降低了，因为过去的几百年市场自身在发展进化，市场参与者的行为模式已经有所改变，在 K 线图诞生的时代，还没有机构交易者，没有短线投机客，也没有高频交易者。

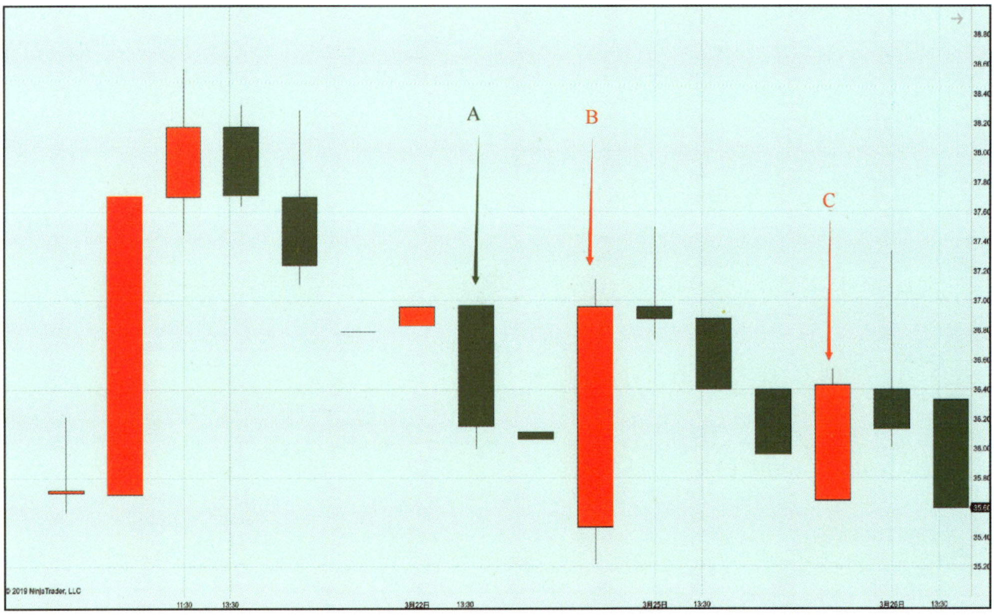

如果仅用 K 线图进行分析，按照常规模式进行识别，一个很大的缺陷是很多常见的 K 线组合有时有效，有时失灵，如上图中 A 点出现了空头吞噬现象，B 点和 C 点出现了多头吞噬现象(出现反转 K 线，并且完全包住之前的一根 K 线)，但是都没有带来一波强劲的

趋势，均以失败告终。

我并不是说 K 线图在如今的时代已经完全没用了，其实是有的。它用鲜明的颜色，将价格走势很清晰地展现在投资者面前，投资者能快速浏览市场的总体概况。我也会将 K 线图和订单流图表结合使用，这让我对价格的短期方向的判断更加精确。对我来说，收盘价和开盘价的相对关系非常重要，当然，一个普通的柱状图也能传达相同的信息，但总归不如 K 线图直观。

K 线图的精髓在于它对开盘价和收盘价关系的诠释。简单来说，一个长阳代表强大的多头力量，长阴代表空头力量。但是仅仅用 K 线图，我们无法对多头力量的大小有个更清晰的判断，并且 K 线图也无法帮助我们判断这种力量是否会持续。

K 线图和柱状图无法展示在一根 K 线内部到底发生了什么，如果看到一个长阳，并就此判断需求正在涌入市场，这从逻辑上看似无懈可击，很明显在需求的带动下，收盘价抬高至开盘价上方，但是我们无法知晓这种力量的大小以及他们是否会结束。

下面两张图展示了传统 K 线图和订单流图表在对趋势反转行为的滞后性上的差异。

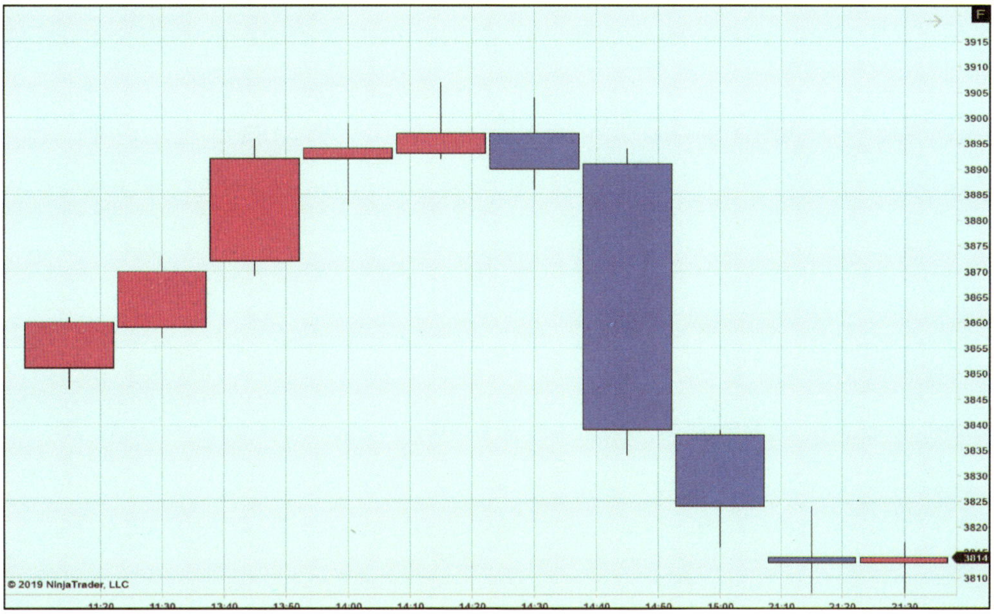

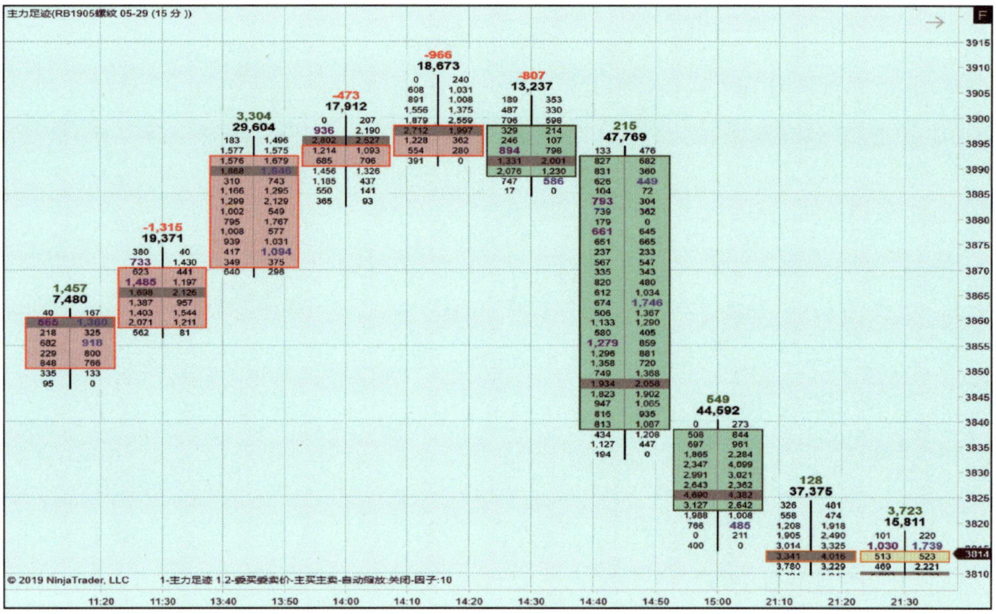

如上面两张图所示，第一张是K线图，第二张是订单流图表。开始的五根K线都是上涨的走势，但是在第四根和第五根K线我们看到供应力量的涌现。在第四根K线内部，2802手主动卖单在3895价位成交，当然，Delta值为-473也是卖压出现的信号。所以，即使这是一根阳线，也暗示着卖方的力量大于买方。第五根K线在成交量和第四根K线基本相同的情况下，Delta值进一步减小，价格停止上涨，收了一根上影线，从第四根K线我们知道供应已经进入了市场，当第五根K线出现时，市场已经处于下跌氛围中了，如果我们不用订单流分析，仅仅看K线图时，很可能无法躲过之后的一波下跌，而用订单流分析时，当我们看到了供应进入市场，我们就可以及时地止盈，从而确保自己的收益。

让我们想象一场足球比赛，比分4:0，我们看到比分，主观地认为胜利者肯定很轻松地赢下了这场比赛，但如果我们看了整场比赛，就会知道前60分钟双方势均力敌。之后甲队射进一球，乙队决定改变战术试图扳平比分，然后甲队再次射进一球，乙队再次改变战术。甲队再次射进一球，乙队放弃了，并希望拖到比赛结束，最后甲方在终场前射进最后一球。如果我们只看结果，则只能得出一个结论，但当我们将正常比赛进行剖析，会发现不到最后时刻都不敢肯定哪一队会获得最终的胜利。

仅仅是单独的看一根 K 线，我们会忽略一个很重要的事，这根 K 线是如何形成的，多头或空头是否在这场战役中占了压倒性优势，另一方是否彻底放弃反抗，是否有一方被套，K 线图无法展现给我们这些信息，订单流图表却可以，如果我们想选出足球比赛中的胜利方，2:0 的比分总是比 0:0 的比分好判断。

K 线图本身是一个不错的分析工具，如果加上订单流的辅助会如虎添翼。

有一种 K 线走势我很喜欢，那就是从订单流上看，K 线的影线部分出现供需不平衡，并且影线和 K 线走势相反，也就是说如果是阴线，则上影线出现主动买单多于主动卖单的现象，如果是阳线，那就是下影线出现主动卖单多于主动买单的现象。如下图所示，K 线顶部出现了主动买单为 208，形成了需求失衡，但是并未创新高，之后价格快速回落形成供应失衡。

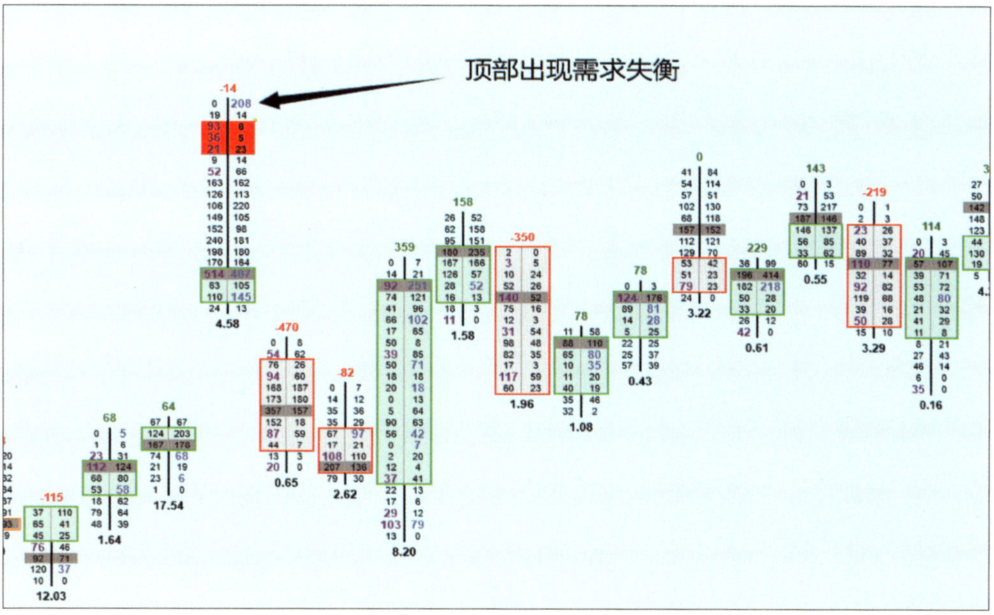

那这预示着什么呢？这表示多方的力量遇到了来自空方的顽强抵抗，最终多方败下阵来，空方已经完全控制了市场。

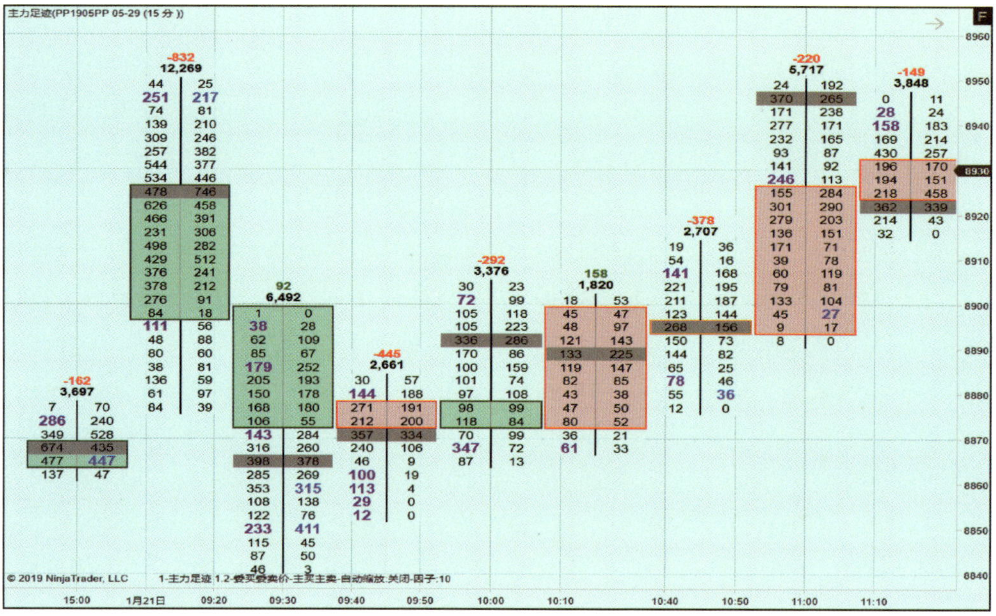

9:45 时，K 线底部出现了供应堆积现象，但却没能将价格继续带低，反而收了根小阳线。随后 10:00 K 线底部主动卖单量同样出现了 347 手的卖单，对价格下跌没有任何影响，底部相应抬高，随后开始了一波上涨的趋势。

我们可以通过设置观察的时间周期，如上图我们设置的是 5 分钟 K 线的观察周期，我们还可以设置更长一点的观察周期，如 40 分钟。

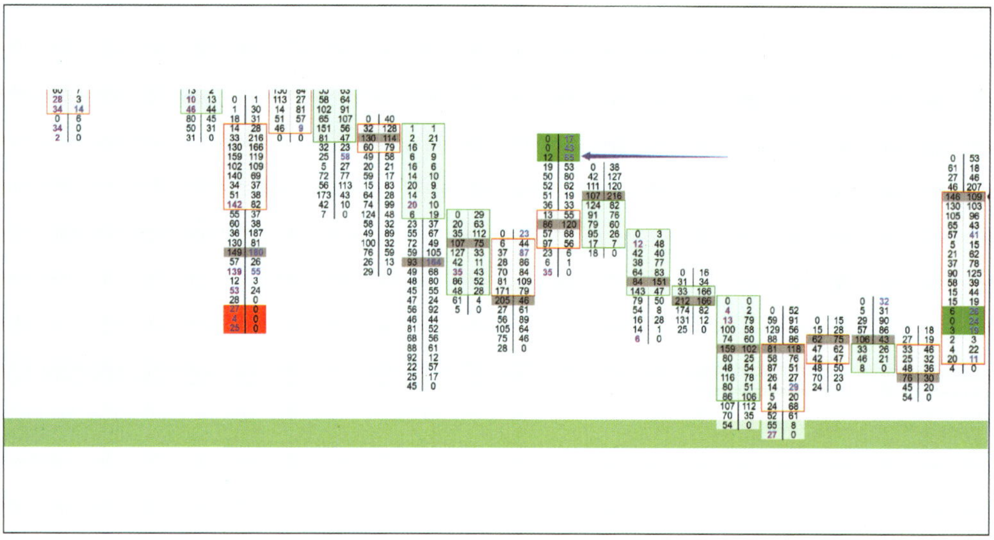

多种搭配订单流使用的图表

当我分析市场走势的时候，会使用许多种类的图表。我并不会固执地坚持某个类型的图表，这样的行为实在是太愚蠢了。市场里有很多不同类型的参与者，从超短线交易者到长线交易者。如果你总是靠着一种类型的图表进行交易，例如 5 分钟 K 线图，你就观察不到更大的时间周期下所蕴含的信息。

我喜欢用三种不同类型的图表：等价图、等量图和等时图。这三种图表都有最基础的三个变量：价格、成交量和时间。三种图表对三个变量的诠释角度决定了这三种图表能各自发挥自己独特的作用。

首先我会看等价图，这个图表设定价差为定值，时间和成交量为变量。市场是不关心你是设定 5 分钟图表还是 50 分钟图表的，如果我们想重点观察价格的运动，等价图能帮大忙，等价图是根据价格的移动而绘制的。4 跳为 1 个单位的等价图表示只有最高价和最低价的价差达到 4 跳，这段时间所形成的 K 线才会被绘制在图表上，当然这个价差是可以人为设置的，这取决于你想看多大级别的价格移动。如果价格只是在区间内窄幅震荡，则等价图上不会再出现新的信息，直到价格运动幅度超过了我们设定的参数。

下面展示了等价图在 Ninjatrdaer 上的图表应用。等价图可以让我们更加清晰地看到震荡区间和趋势区间，它和砖型图都是以价格上涨或下跌一定幅度为出发点进行绘制的，但是它们两个又有一定区别，砖型图看起来更加清晰，但是它也过滤了更多的信息，我不详细展开了，感兴趣的读者可以自行了解。

等量图是我的第二选择，它是以固定成交量为单位，以时间和价差为变量的图表。你可以为成交量设置不同的参数，每一个绘制出来的 K 线都会有相同的成交量，每当成交量堆积到我们设定的数值，就会画出一个新的 K 线，当然等量并不是完全精确的，例如我

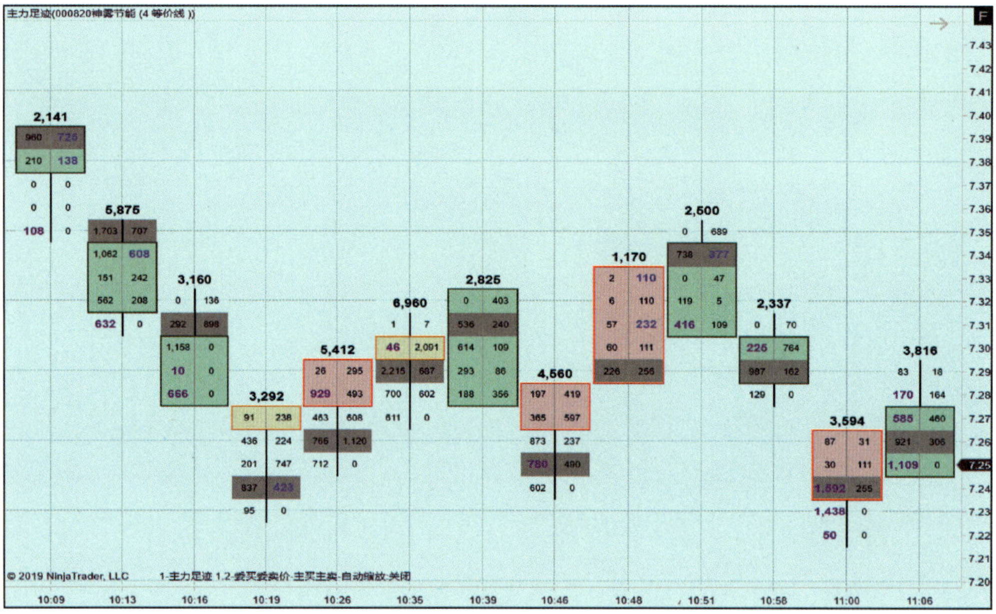

将等量图参数设置为1000，意味着只有超过1000手的交易才画一根K线，那么有的K线会出现1012手，而有的K线成交量是988手，因为按订单来统计，一个订单的成交量不会被分开在两根K线内计算。如果将总成交量比作价格运动的燃料，有的时候1000的成交量会引起价格大幅的上涨，有的时候1000的成交量不会造成价格的移动，为什么会这样呢？思考这个问题在我们进行交易决策的时候非常重要。

第三种我关注的图表就是等时图，也就是我们使用频率最高的K线图，如15分钟走势图、1小时走势图等，如果要关注成交量所反映的信息，我们需要选取合适的时间参数，1分钟走势图太小，无法清晰地呈现成交量的信息，而30分钟的走势图有利于对持续几天的趋势进行分析。

你在本书中看到的分析订单流的例子大部分都是基于等时图，我们只是通过大家所熟悉的等时图来介绍订单流分析的基本方法。

要着手分析一个市场，我个人会选择先从等价图来看，紧接着是等量图，最后是等时图。我还会选择看日线、周线和月线的走势

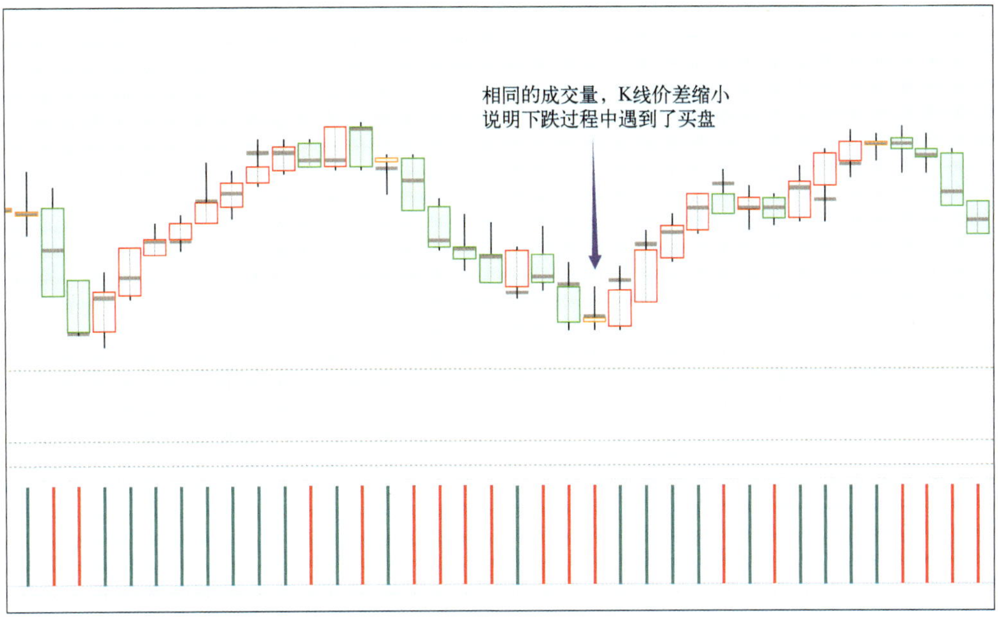

图，因为我发现以前交易日形成的局部高点和低点对我判断支撑位和阻力位有很大的帮助，这些点位是趋势停止并掉头的价位，象征着供需力量的反转，当价格再次回到这个价位，我们需要看看这些点位对价格的反应，是再次形成强大的支撑或阻力，还是接受趋势的到来，不再反抗。

高频交易

过去几年，对高频交易的诋毁甚嚣尘上，有些法律界人士甚至提倡明令禁止高频交易这种行为。大多对高频交易的诋毁都集中在股票市场，因为有多个交易所同时交易一个标的。股票高频交易者会同时向多个交易所发送订单，这可能会产生连锁反应，导致其他交易所相同股票价格迅速波动，高频交易者靠着对这种波动的提前预测赚取利润。这也是大多数人认为高频交易有作弊行为的原因，因为他们用计算机快速运算的能力，可以利用不同交易所同一个标的价格波动有一定延时来“提前抢跑”，从而获利。

高频交易者对期货市场有一个重要作用，那就是提供流动性。我不清楚高频交易中复杂高深的知识，但我知道高频交易者用剥头皮策略在期货市场上获利颇丰。在以前场内交易的时代，人们在自己的交易席位上盯着报价板，如果第一档的买价和第一档的卖价间存在价差，例如最新买价是 1.80，卖价是 1.83，市场出现了短暂的流动性缺失，他们就会立刻在 1.81 挂买单，在 1.82 挂卖单，因为价格十分接近，市场任何一次小的波动都会令这两笔订单成交，于是人们就能赚取其中的利差。现在的高频交易做的是同样的事情，计算机程序在多个市场、多个品种做着和以前的场内交易员一样的事。

高频交易不关心现实世界发生了什么，他们在市场走势出现变化苗头的瞬间就进行了相应的操作，而大多数投资者是在市场走势明朗之后，才后知后觉，进行相应操作。高频交易者不会持仓很久，正如“高频交易”的名字，他们一天内要进进出出市场很多次。

高频交易会运用订单流进行分析，他们会寻找价格区间，在价格到达这个区间内会有订单流入，他们就用计算机速度优势抢先在别的订单成交前成交，也就是人们所说的“抢跑”，但其实他们所做的不过是利用计算机分析订单流罢了。

其实我们大可不必担心，我们不会和高频交易者竞争，我们只是在不断地战胜自己。高频交易者并没有控制着市场的走势，他们只是快速地抓住市场上转瞬即逝的交易机会，还有更大的资金每天在市场上流动，如银行、养老基金、对冲基金、资产管理经理等。我们不知道他们的持仓情况，不知道他们在何时进出市场，对于我们而言，重要的是分析现在市场正在发生什么，从而利用它的行为获利。

机构和算法交易

我之前提到过，驱动市场最基础的要素是供应和需求。或者说，驱动市场的是大资金，并不是来自散户一点点小钱，是大资金的聚合力量。

谁有这么大的资金来左右市场价格？对冲基金、银行、商业贸易企业等。我简单地将他们统称为机构，在不同市场如期货、股票、债券有不同的代表性的大机构进行交易。

机构通常以某种形式和市场有联系，这和机构的经营业务有关，即使他们在市场上没有持仓，但有时候他们经营的业务也相当于他们在相应市场上的持仓。和机构站在同一边是非常重要的，因为他们有能力主导趋势，有足够的资金驱动价格上涨或下跌。

让我重申一下，当我们提到机构，并不是说某个特定的企业或个人，是所有这些主力的共同力量主导着市场。他们不仅有钱，还知道内幕信息。嘉吉公司(商业贸易巨头)肯定比一般交易者对马拉西亚的棕榈油产量有更深的了解，因为他们每天都在与当地供应商进行现货交易。

机构不仅能够主导市场，他们就是市场本身。如果我们需要选择一个方向持仓，和机构持有相同方向的仓位会大大提高我们交易的成功率。但我们如何判断机构在做什么呢？把他们想象成是一群大象，他们穿过热带森林，撞倒树木，踏过灌木丛，他们经过的痕迹很容易辨认。成交量让他们的所作所为有迹可寻，通过阅读订单流图表，我们可以辨别是否有机构在市场上积极地交易，加入他们行列的人是否越来越多。

机构交易者不会关注一些人们常用的指标如 RSI、MACD、MA 等，他们只关注现在和未来的供应和需求的状态，他们对供需状况进行透彻的分析，并做出相应的投资决策。他们聆听市场对他们的喃喃细语，并给予相应的反馈。

分析机构行为最困难的是察觉他们何时进入市场。过去，因为机构必须通过经纪人执行订单，如果你和经纪人关系不错，你打电话问标普500的状况，你的经纪人会告诉你“德意志银行在大量买进，高盛正在不停抛售”，这时候如果你知道保罗·乔恩在通过高盛交易标普500，就可以合理地推测保罗·乔恩正在做空标普500。而上面这些事，正是在场内交易时代订单流能够做到的，如今机构都是直接电子化下单，想了解他们的行踪没有以前那么容易了。而订单流则是一个强有力的观察主力足迹的工具。观察市场的拐点是很重要的，一天中的高低点附近，是否有主力在这些点位买进或卖出，成交量的力度如何？

算法交易如今也经常被提及，许多人对算法交易没有清晰的概念，总是将它们和高频交易搞混。算法交易从某种角度来说，是一种减小冲击影响的下单方式，简单一点的有冰山算法，复杂的有虚出价系统。市场达到某个价位，预估会有投资者在该价位进行买入时，这类订单就会出现并抢先买入。

这些下单算法被发明出来是为了让机构交易者能够隐藏他们在市场中的行踪，减少筹码成本。如果所有人都知道有个机构在378.00价位进场做多了1000手玉米合约，别的投资者会紧跟着进场，或许他们无法在相同的价位入场，可能会稍微高一点，如378.25或者378.50，不过这时趋势还未启动。机构无法在378.00的价位买到他们计划中的仓位，只能以更高的价格买入，这无疑提高了成本价位。为了解决这个问题，银行和对冲基金发明了算法交易，用于隐藏他们的行为。我不会对不同类型的算法交易进行详细的介绍，因为这是另一本书的内容了，重要的是通过订单流，我们仍然能够察觉这些机构的行为。

下单的大小对市场会产生不同程度的影响。一个不可否认的事实是，任何一个价位的订单量都不能满足机构的要求，可能一个机构想下3000手买单，但是盘口第一档的卖单只有300手，第二档是100手，第三档也是100手，第四档是50手，如果直接以3000手下单，价格会上涨很多，机构不是傻子，他们可不想给别人抬轿子。

有时候一些体量比较大的机构入场，会花几小时，甚至几天的时间来隐蔽地建仓。经常有些大资金持有200000手标普期货合约，100000手债券等，他们通常不会一次性购入或者将持仓清空，但是他们决定加仓或减仓时，也是以5000~10000手的样子，这同样会给市场带来巨大的影响。

当我是经纪人的时候，我察觉到关于主力资金的一个交易习惯，他们并不总是要求达到自己的目标仓位，他们总有自己认同的价格区间，当价格在区间内他们才会囤积筹码，他们不会在看到市场上涨后焦躁地打电话给经纪人追随市场的脚步。他们也不会利用资金优势强行将价格带入上涨趋势，如果他们错过了某段上涨，这并没有什么大不了的，未来的交易机会多的是，他们不会像散户一样为错过某段趋势而捶胸顿足，后悔没有买入足够多的筹码。

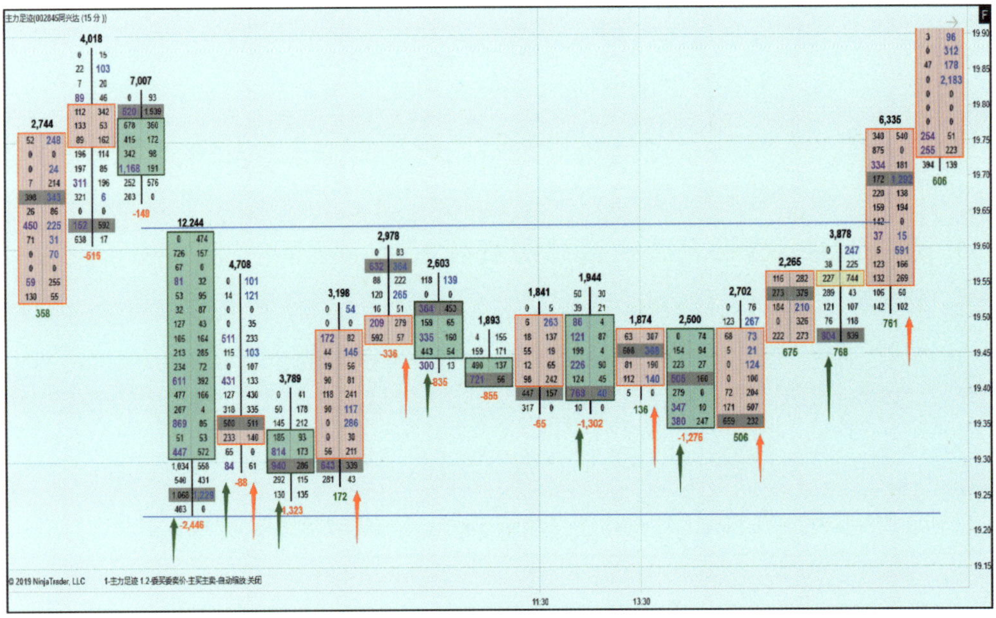

上图显示的是有主力正在隐蔽地建仓，他们在相对较窄的区间吸收了足够的筹码，之后价格开始了大幅度的上涨，走势图当中，价格在19.23~19.65的区间不断震荡，供应失衡和需求失衡现象交

替出现，这很有可能是主力行为，仓位就这样慢慢地堆积。

现在问题的关键在于如果机构隐蔽式建仓或派发，我们似乎很难察觉，他们可能在对冲他们的头寸，除了他们自己，没有人清楚他们到底在干什么。

我们同样不知道他们活跃在市场上的原因，每天我们观测到的成交量大部分来自纯粹的投机，不论是长期还是短期，还有部分成交量是投资者为了在期货到期前平仓了结。

如果我们总是站在机构的对立面，我们很难长期获利。交易领域聚集着全世界最聪明的大脑，我们要做的就是和他们保持相同的持仓方向。要达到这个目的，我们首先需要在走势图上识别出机构的行踪，而订单流给我们提供了有力的工具。

我并不是说我们要和机构在任何时间点做相同的操作行为才能成功，我的意思是当机构在买入或卖出时，我们做相同方向的操作，我们获利的可能性将大大地提升，但首先我们得先察觉大机构在做什么。

VWAP

VWAP 是成交量加权平均价格的缩写，这可能是当今算法交易中最重要的概念了，该方法假设市场是有效的，它是衡量交易执行情况的一个基准。VWAP 的定义是当前总成交金额与总成交量的比值，VWAP 代表了这个时期市场订单的平均成本。

经纪人可以根据自己对市场的主观判断，在他们认为价格便宜时买入，或在价格看上去高估时卖出，从而获利。VWAP 算法则是这个理念的体现。

如果主力希望在某个价格区间大举入场，他们通常会运用以 VWAP 为基础的算法来执行买入操作，来让自己订单的平均成本接近市场 VWAP。运用 VWAP 算法可以最小化大机构订单对市场的冲击，他们清楚如此大额的订单量如果处理不当，很容易造成大幅的价格波动。

VWAP 对机构的价值在于，它扮演了和均线指标相同的角色，但 VWAP 更侧重于某个时期订单执行情况的分析，而非选择入场点和出场点。如果某段时间机构的平均成本小于 VWAP，说明这段时间的交易是成功的，因为入场成本小于市场总体的平均成本。反之，如果机构在派发，并且总体的派发价格大于 VWAP，说明这段时间的派发操作是成功的，因为总体价格在市场平均价格之上。总之，VWAP 的概念是衡量大机构订单执行效果的非常有效的工具。

价格在 VWAP 之下时，计划入场的机构会积极入场，因为他们能得到低于市场平均成本的订单。同理，如果价格在 VWAP 之上，计划派发的机构会踊跃派发，因为他们能得到比于市场平均派发成本高的有利的价格。

当然，即使价格高于 VWAP，计划做多机构虽然不太情愿，但还是会买一些建仓的，以避免价格开启一路高涨而不回踩 VWAP 线的情况发生，虽然这种情况发生的很少。

最有趣的是，基于 VWAP 的下单算法并不能保证 VWAP 真正地能和市场 VWAP 指标十分接近。

那么为何 VWAP 如此重要呢？对于日内交易员，VWAP 重要性体现在他们今天是否买得过高或者卖得过低。如果价格已经突破了 VWAP 指标之上 1~2 倍的标准差的上轨，这时候入场价格显然有些过高。相反，如果日内交易员的平仓价格在 VWAP 的 2 倍标准差之下，那这个价格显得有些便宜了。即使机构采用 VWAP 算法下单，但也不是说价格不会偏离 VWAP 线 3~4 倍的标准差。

当用订单流分析的时候，我们可以将 VWAP 指标也添加到我们的图表之中，来帮助我们判断当前价位的相对价值。如果我的订单流以及交易系统发出了买入信号，而当前价格又在 VWAP 线之下，这会令这个买入信号更加可信。

不要总有种奇怪的想法，价格一定会回踩 VWAP 线，事实上价格一直运行在 VWAP 之上的情况非常常见。

VWAP 也有它的局限性。因为 VWAP 是每一天开始从 0 统计的，一天之中，随着时间的流逝，VWAP 的滞后性会越来越强。因为一天中已经发生了大部分的交易，新的成交订单对 VWAP 影响会越来越小。在一个趋势很明显的交易日，价格经常会运动在 VWAP 的一侧。如果市场处于区间交易，VWAP 通常会处于区间中部。当一个交易日已经过半，突然有新的信息流出，导致大量的订单涌入市场，VWAP 也会遭到一定程度的影响。算法为了使平均成本接近 VWAP，通常需要将市价单和限价单相结合来使用。

我观察到投资者经常对为什么使用 VWAP、如何使用 VWAP 指标存在一定误解。投资者通常将 VWAP 看做是类似均线的指标，当价格突破 VWAP 价格 1 倍的标准差，他们就会期待价格会回调到 VWAP，理论上讲这确实会发生，但是实际并非如此。我为很多对冲基金或商业银行执行过 VWAP 算法下单。例如，对于期货交易而言，很多情况下只会在相应的现货交易时间段才执行交易操作，或者是相应的现货开盘 1 小时后才执行算法交易，很少出现从早到晚都在执行算法下单的情况，而下面图表上 VWAP 的绘制则是从一天中交易的开始到结束。如果只打算在现货交易开盘开始的 1 小时对相应的期货合约执行算法下单，那只要关注这段时间内开始统计的 VWAP 值即可，而不必关注整段的 VWAP。大机构需要在交易活跃的时间段才执行相应下单算法，因此许多下单算法都是在开盘后或者收盘前的时间执行的。

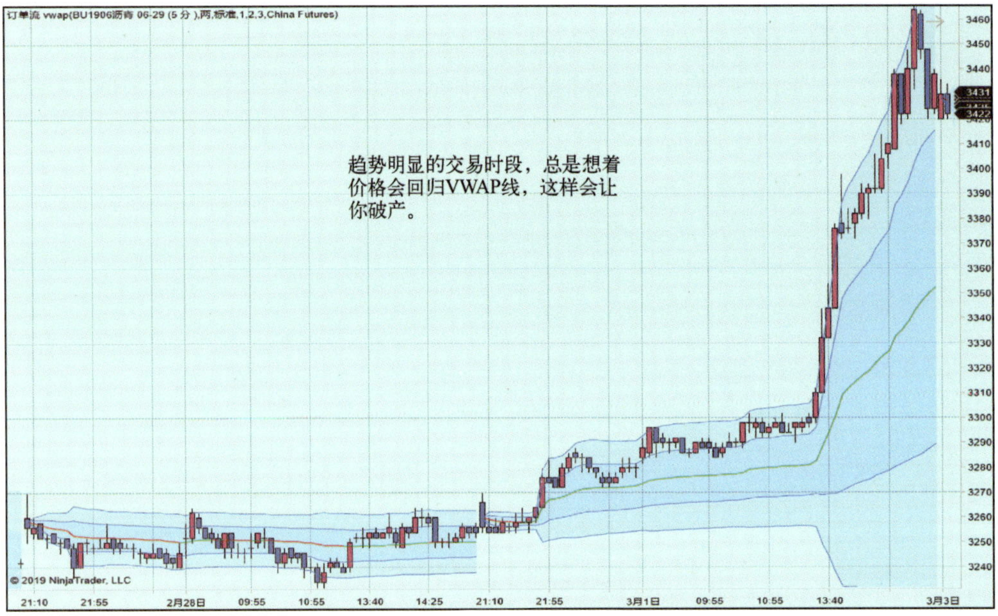

不要误以为 VWAP 是一个很出色的指导我们交易的指标。想想我之前所说的，VWAP 只是衡量订单总体执行情况的工具，交易者要想获利靠的是高抛低吸，而非依赖于 VWAP。

冰山订单

冰山订单是投资者玩的一个把戏，用来隐藏投资者的订单。简单点说，冰山订单将订单分割成可以被看到的部分和被隐藏的部分，用于隐藏订单的真实大小。举个例子，一个投资者如果要做多 500 手玉米，他不会一次性下 500 手的订单，通过下冰山订单，可以将 50 手的订单显示在盘口，让其他交易者看到，当 50 手的订单完成，隐藏在冰山下的另外 50 手就会浮出水面，出现在盘口的同一个价位，不断重复这个过程，直到 500 手的订单全部交易完成。

冰山订单有不同的用途，因为几乎各种类型的投资者都会用它进行下单。即使散户想要下 5 手订单，他们也会使用冰山订单，只在盘口显示 1 手，而隐藏其余的 4 手订单。冰山订单几乎可以运用在各种类型的市场，即使是很缺乏流动性的市场。在某些特定市场，10 手的订单就足以推动几跳的价差了。

想要侦测冰山订单需要我们关注盘口数据。如果冰山订单隐藏在第一档卖单中，一种侦测冰山的方法是利用高频小额的订单去试探。例如，我们以最新的卖单价格下单，每次我们下单将卖一的订单全部吃掉后，又会有新的订单涌现，无法有效将价格推高，基于此我们能够推断该价位存在冰山订单。

冰山订单精妙的地方在于，有时候它有很重要的意义，有时候又毫无价值，我们必须结合市场行情进行总体分析。一个出现在价格运行区间中部的冰山订单什么也说明不了，它可能只是价差交易者为了不对市场产生冲击影响而使用冰山订单，这种情况下发现冰山订单并不能给我们提供有关供需力量的新的信息。

冰山订单的一个用途是侦测大时间周期下的支撑位和阻力位的有效性，这些价位是价格不会突破或者不会跌破的地方，当在这些点位附近，不断有交易发生，而价格不见突破，只是在不断地刷新盘口的委托单数额，就说明有隐藏的冰山订单在背后形成强大的阻力。而当这些冰山订单撤掉之后，价格会沿着一个方向很快地突破，冰山订单本身并不能阻止一个疯狂的市场，它可以看成一个吸收的过程。

顺着这个思路，如果一个下跌趋势的力度不是很大，比如说是上涨趋势中的回撤，大额的冰山订单可以阻止这个下跌。如果趋势已经成型，力度强大，即使有冰山订单也无法阻止价格的突破，我们还是应该视具体的市场情景进行分析。

如果在市场上涨时，出现了冰山订单阻止价格上涨，这给我们提供了非常重要的信息，那就是市场中有主力参与，他们在隐蔽地建仓，而不想暴露自己的行踪。或者，当市场在下跌中，K 线底部出现冰山订单，说明有主力正在隐蔽式派发，它为价格提供支撑，因为自己手中的筹码还没有派发完。总之，我认为如果仅仅因为发现了冰山订单来指导自己的交易决策，确实需要很大的勇气。

要观察冰山订单，我们必须时刻留意盘口数据的变化，我们不可能在一天收盘以后看当天的日内走势图来判断冰山订单是否存在。想仅仅通过冰山订单实现盈利是困难的，因为它们无处不在，不要高估它们所提供的信息的价值。

最后要说的是，如果一个主力机构通过冰山单进行建仓，不论是否已经全部成交，订单流都能够暴露他们的蛛丝马迹。机构想要通过冰山订单隐藏自己的行为，而订单流给我们提供了发现他们行为的唯一途径。

顺带一提，冰山订单的概念在中国市场是不存在的，冰山订单是高频交易的基础，中国的高频行业和外国相比还处于早期阶段，不论是设备还是市场开放度都不在同一个层次。

阻力位和支撑位

每个投资者都在寻找市场中的阻力线和支撑线。价格对我们所认为的支撑线和阻力线的反应对我们的交易决策至关重要，我们需要判断在这些点位，是否不同时间周期下的交易者会为价格提供支撑，或者推动价格上涨，将价格带到新的区间。

有很多方法判断支撑位和阻力位。传统技术分析中有中枢点连线、斐波那契回撤线、移动平均线、前期高低点等，当画出我们所理解的支撑位或阻力位后，一个重要的问题是，这些价位是否真的起作用，而这个问题需要成交量来给我们答案。

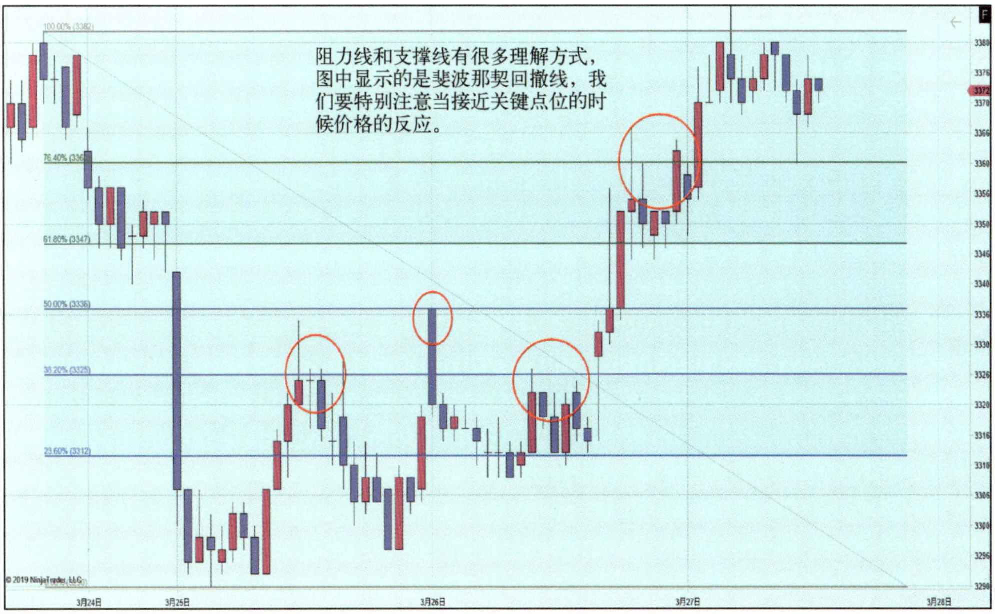

下面是用斐波那契回撤线分析的玉米 15 分钟走势图。玉米期货是一个很大体量的市场，许多交易员对农业期货市场不屑一顾，转而青睐价格变化速度更快的货币和股票指数市场，但没有哪个市场比农业市场更能展示真实的供需关系。

订单流图表能给我们提供丰富的信息，如果将它和我们对市场

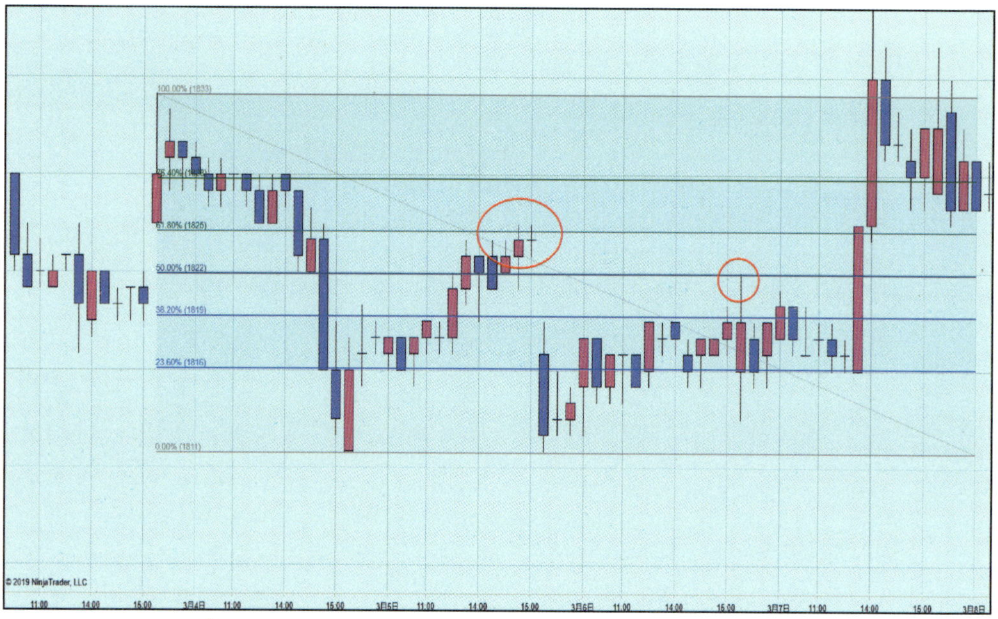

本身的理解融合，就能帮助我们做出更精准的交易决策。

如果在压力位附近出现上涨缩量，或者支撑位附近出现下跌缩量，这是市场会反转的信号。这也是我们需要确定支撑位和阻力位的原因，不然我们就像无头苍蝇在黑夜中寻找市场拐点。突破阻力位或支撑位需要付出很大的努力，我们可以从订单流的成交量数值中判断这种努力的大小。

寻找大周期中的关键价位同样也很重要。这个价位可能是数个月前的市场拐点，我们很容易从走势图中识别。当价格突破这种关键价位，就会吸引长线资金入场，机构交易者会重新审视该标的走势，做出长线的看涨或看跌的决策。这些价格的附近是否出现了大成交量？走势对这个价位是接受还是拒绝？是否出现了大量空头或多头涌入市场？订单流会告诉我们市场正在发生什么，以及接下来该怎么做。

前期高低点

前一天高低点和收盘价经常被当做潜在的支撑位和阻力位。前一天最高价被市场视为过于昂贵，最低价被视为过于便宜，是否有基本面的变化使市场改变了对这些价位的看法呢？

有一种类型的走势我非常喜欢看到，价格努力突破前一日的低点，伴随着订单流图表上主动卖单量放大，我会开始寻找反弹的迹象。散户有个根深蒂固的习惯，他们喜欢将止损单放在前期低点再低 1~2 个点位，或者前期高点再高 1~2 个点位。因此如果价格突破前期低点会触发大量的止损单，而价格没有大幅下跌说明底部出现强大的支撑，存在不同周期下更强大的来自需求力量吸收了这些卖单。

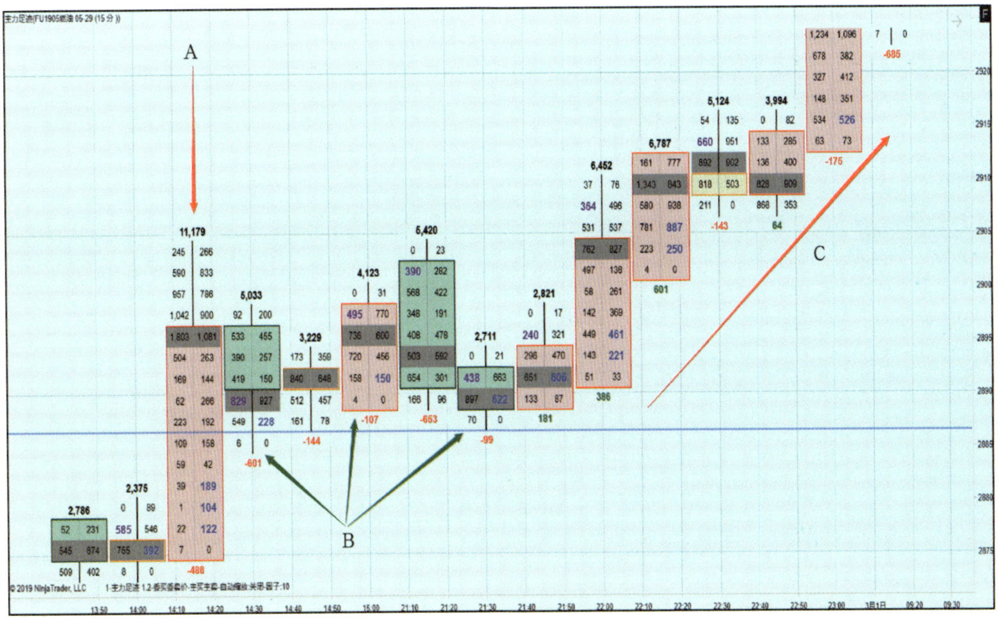

图中蓝色线是昨日最高价，是我们应该注意的价位。可以看到在 A 点的 K 线，伴随着底部的需求堆积现象，一根长阳穿过了昨日最高价形成的潜在阻力位，随后价格回踩该价格线。B 点指向的三根K线，底部主动卖单量分别是6、4、70，显著缩小，说明下跌缩量，阻力位转换为支撑位。在经过短暂的调整后，价格又开启了一波上涨趋势，同时得到了C的上涨波中多次的需求失衡现象的确认。

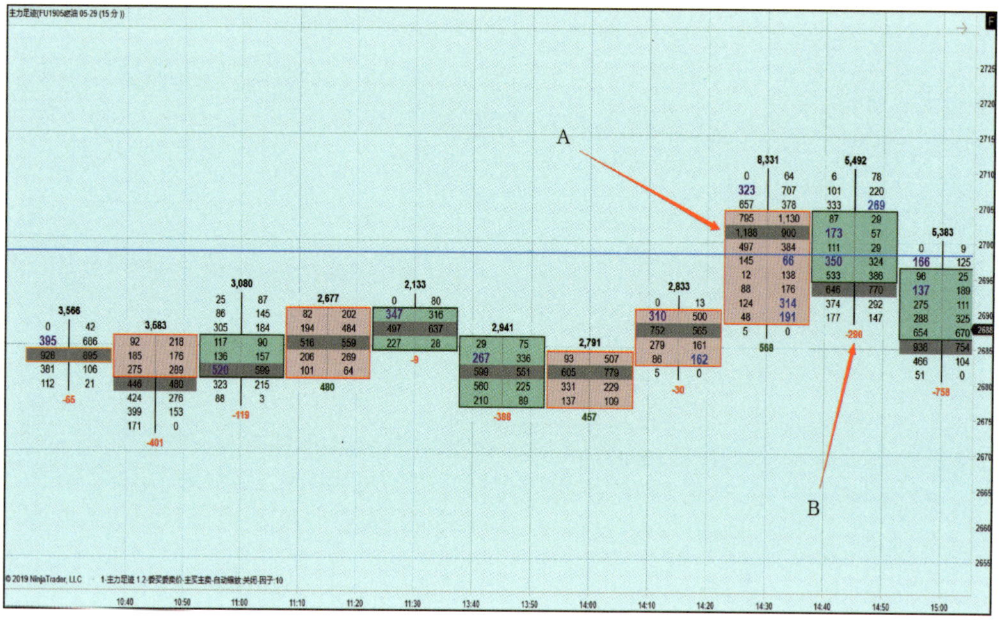

上图为燃油的走势，可以看到蓝色线为昨日最高价，构成了潜在的阻力位。而图中价格在A点一根长阳突破了阻力位，但是我们观察到POC处出现了1188手卖单，远大于之前的成交量，同时这根K线的成交量与之前相比扩大了将近3倍，说明上涨遇到了阻力。之后B点处，价格收了根小阴线，同时底部Delta值变为负值，将价格再次带回区间，明显上涨动力不足，之后Delta值进一步的减小也宣告了这次突破的失败。

如果价格穿过前日的最高价，最重要的是伴随着成交量放大，站稳在了最高价上方，这预示着需求力量的强势涌入。市场只是在告诉你，昨天市场需求不足以使价格走得更高，但是收盘之后，一些基本面消息的转变使市场情绪发生了变化，刺激了新的需求进入市场。如果价格无法站稳在最高价之上，显出疲态，新的供应出现，我们就要关注是否出现反转的趋势。

昨日的收盘价对今日的交易同样重要，它象征着昨日多空战役的结果，机构用它来计算自己仓位的浮盈和浮亏。当今日的价格接近昨日的收盘价时，我们要留意价格是否出现进一步的波动指示未来的方向。

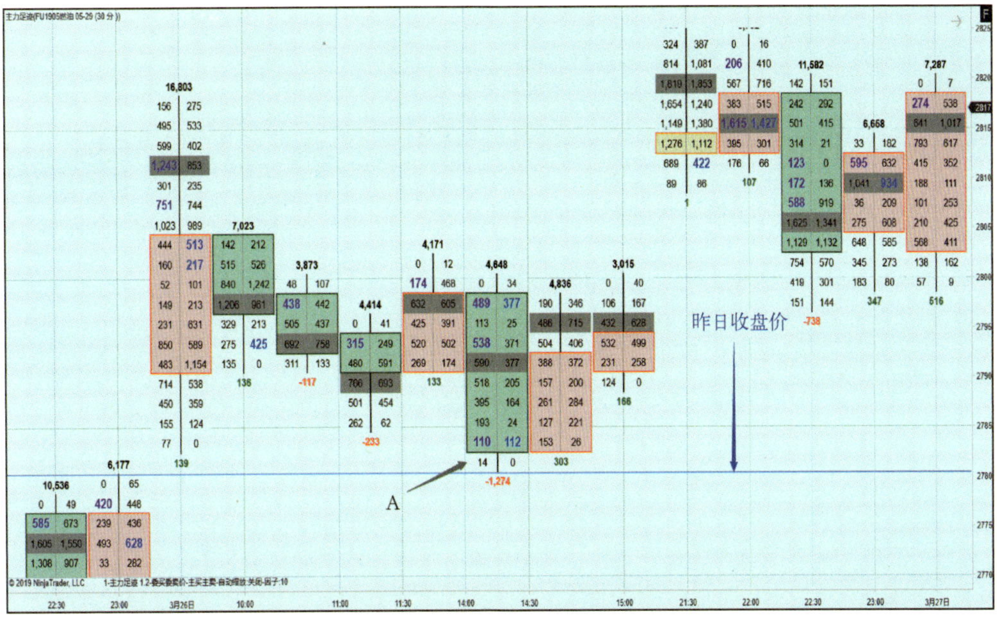

看到 A 点的 K 线在回踩昨日收盘价的时候底部成交量明显减小，之后的 K 线收了一根阳线，Delta 值也由负转正，说明已经没有抛压，为之后的上涨奠定基础。

如下页图所示，价格在接近昨日最低价的时候，大量被动多头交易者出现，说明底部存在较强的支撑。

另一个值得我们留意的是前一个月的高低点，它展示了这个月内价格运行的区间。如果这两个价位被突破，我们就知道中期市场走势发生了变化，价格触及这些关键点位并尝试上涨的时候，之后的走势分三种情况：

1. 价格拒绝突破并回落到价格区间。

2. 价格在短暂突破后被拒绝，重新跌落回区间。

3. 突破关键价格点位，吸引了更多的资金跟随，使得价格在区间外站稳。

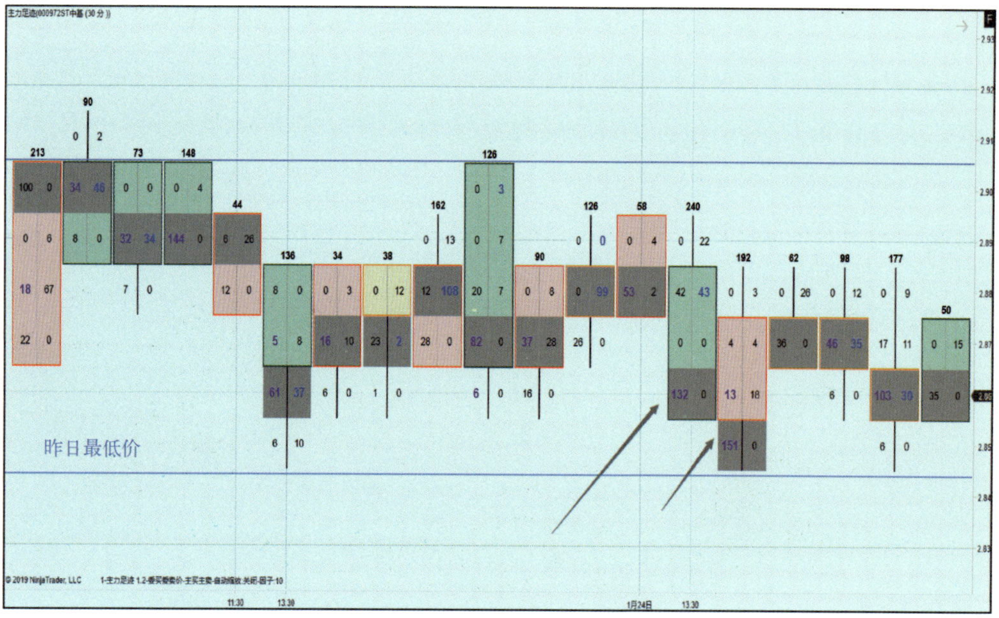

如果短线交易者不关注这些长线的关键点位，就会有很大的概率被机构交易者消灭。另外，他们也会错过日内潜在的巨大的盈利机会。

让我们来看一下对月线上高低点的测试，玉米 1905 期货合约。

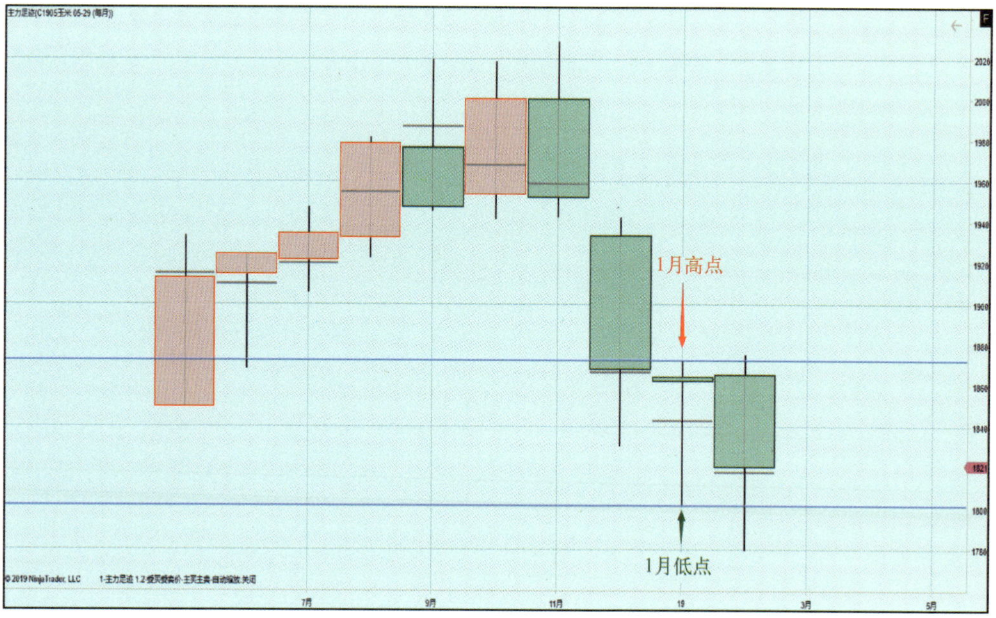

前一个月的高低点提供了我们完美的价格参考线，我们需要特别留意当价格靠近这些关键价位时的反应。

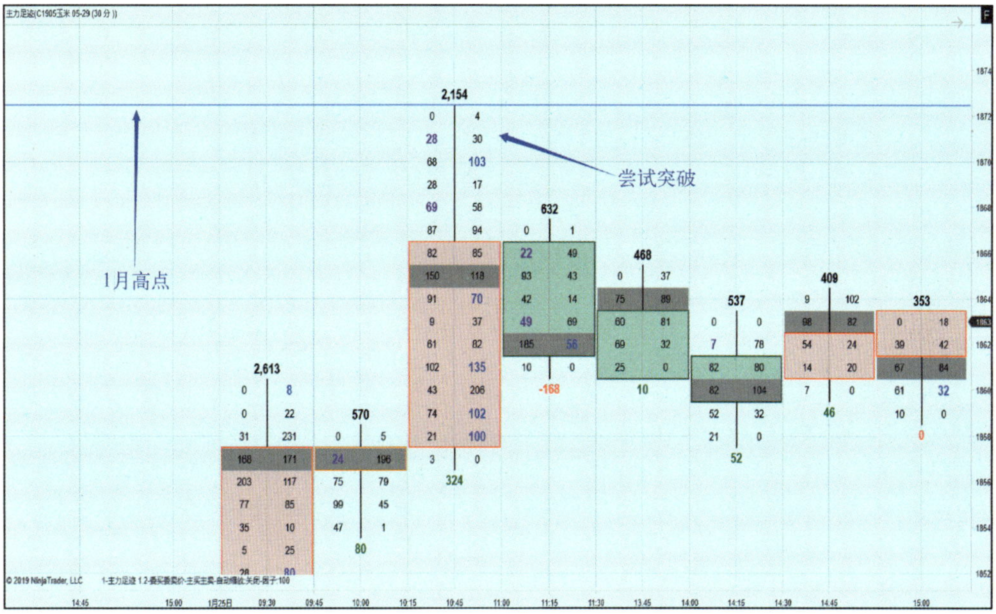

上图1月末第一次测试顶部阻力带的30分钟K线价格走势，可以看到多个蓝色数字，表明出现需求失衡，上涨强劲，但接近参考

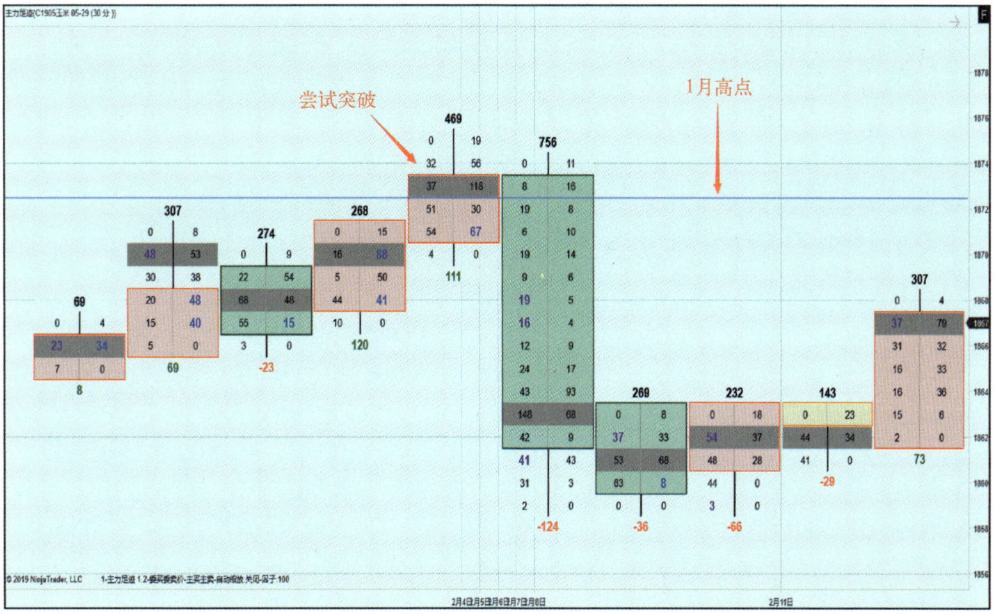

线时，顶部主动买单成交量缩小为 4，明显缩量，说明需求突破的欲望不强，随后价格下跌。

上页下面的图表是价格在 2 月再次测试顶部的走势，可以看到当箭头处 K 线突破高位时，POC 出现在了价格线上方，主动买单量显著增大，说明涌现出了很多卖盘打压价格的上涨，可以断定这里存在大量的停止单，随后突破没有跟随，价格再次跌回区间内。

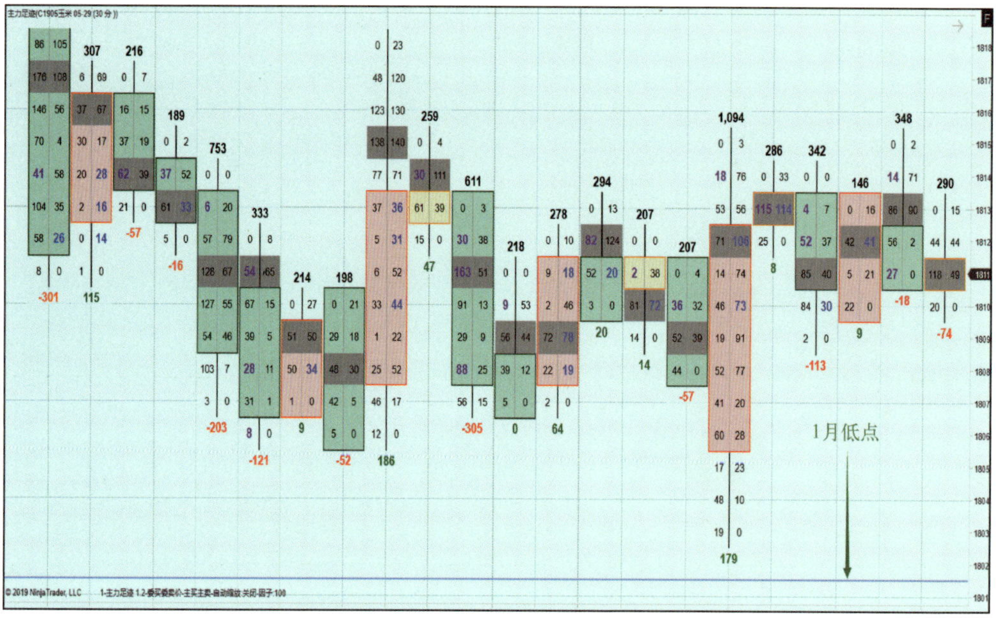

上图是随后价格下跌，测试 1 月低点的价格走势，底部 19 的卖单和第二档 48 的卖单量相比也是显著缩小，并且价格收了阳线，说明在接近底部的价位涌现很多买单抢反弹。

然而价格触碰到长周期中的高低点的情况发生的频率很低，可能是前一个月的高低点，甚至是一年内的高低点。当价格真的接近这些关键价位的时候，我们就需要留心了。当接近这些点位的时候，机构交易者会平掉自己的仓位以防止价格变动方向不确定带来的风险。如果价格突破这些点位后在区间外站稳，机构就会重新建仓。

今日高低点

交易日当天的最高价和最低价只有在收盘之后才能确定。不过通过观察日内局部高低点附近的成交量足迹，我们可以判定是否这些点位能够成为当天的最高价和最低价。有时候这很好判断，有时候则并不容易。如果能很清晰地判断这些高低点是否足够坚固，那我们就能抓住机会，因为这些入场点都有很高的收益风险比。

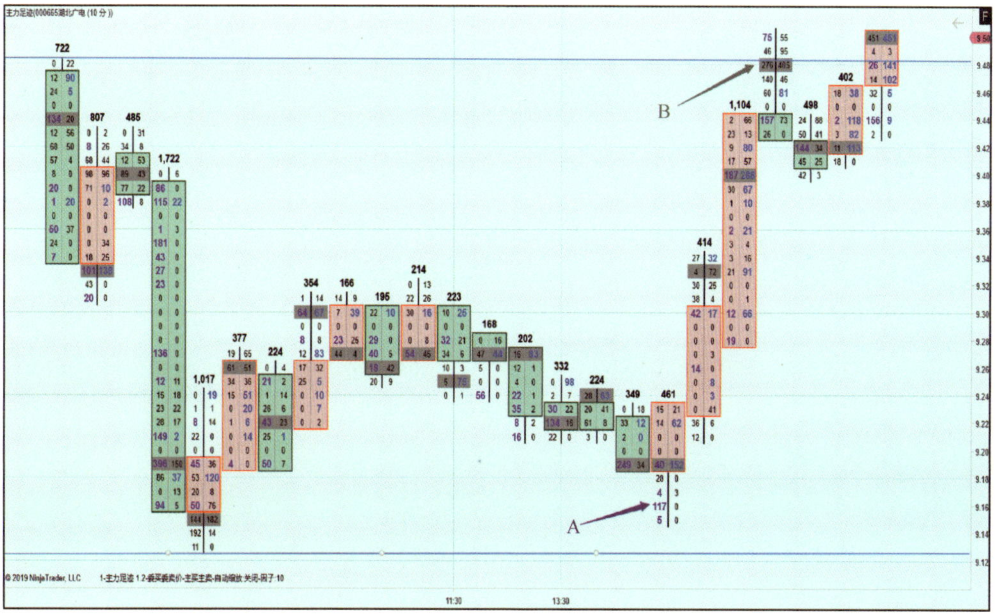

上图所示为湖北广电日内走势图，可以看到 A 点回踩前期低点，底部出现大量被动多头交易者，主动卖单被吸收，随后收了个下影线。之后价格开启了上涨，在测试日内高点时，B 点处 K 线顶部出现 POC，成交量显著放大，说明日内局部高点处存在供应。

每次都试图精准高抛低吸就像是在空手接白刃，这是非常困难的，但是当高点和低点已经形成的时候，订单流可以给你提供不错的交易机会。

当高点和低点已经形成后，价格重新回到该区域测试支撑位和阻力位，结果可能会成功也可能失败。下图展示了当 A 点的局部高点形成，B 点和 C 点再次回测这个点位并失败的案例。

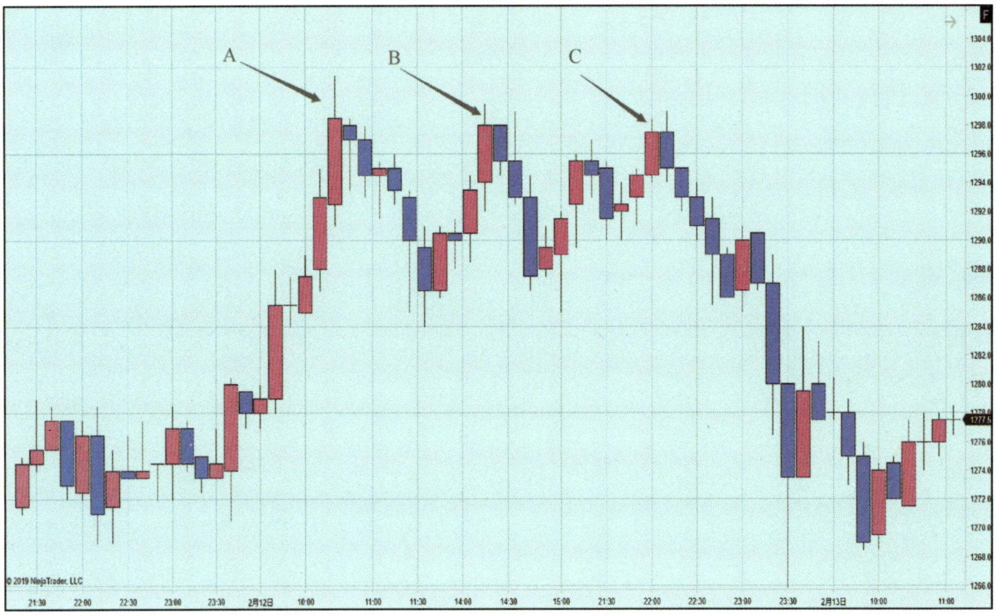

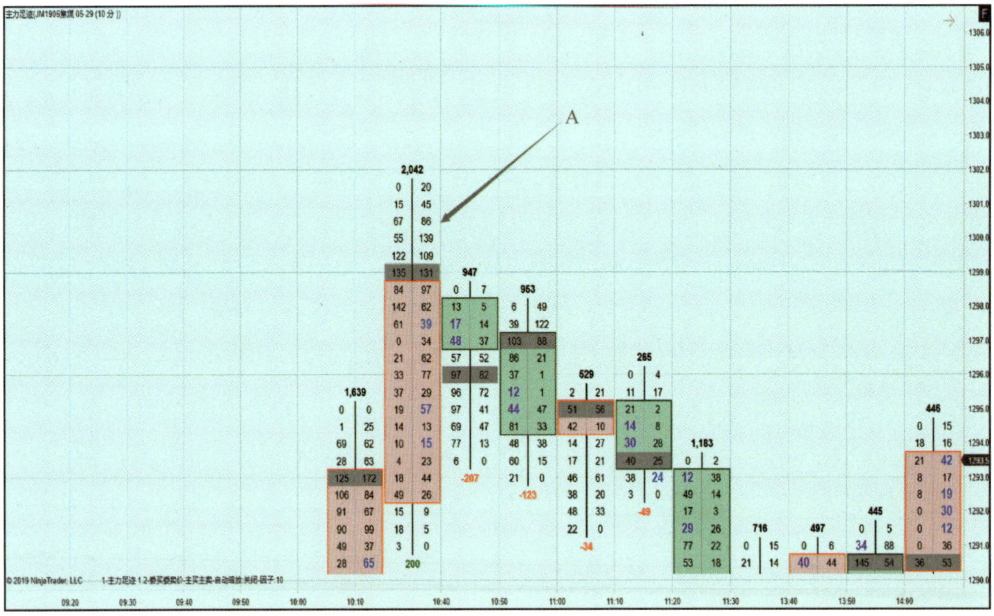

A 点上影线部分成交量有扩大的趋势，说明顶部存在一定卖压，随后的 K 线收了个小阴线，同时底部的 Delta 值由正转负，预示着这

波上涨趋势的终结，A 点形成潜在阻力位。

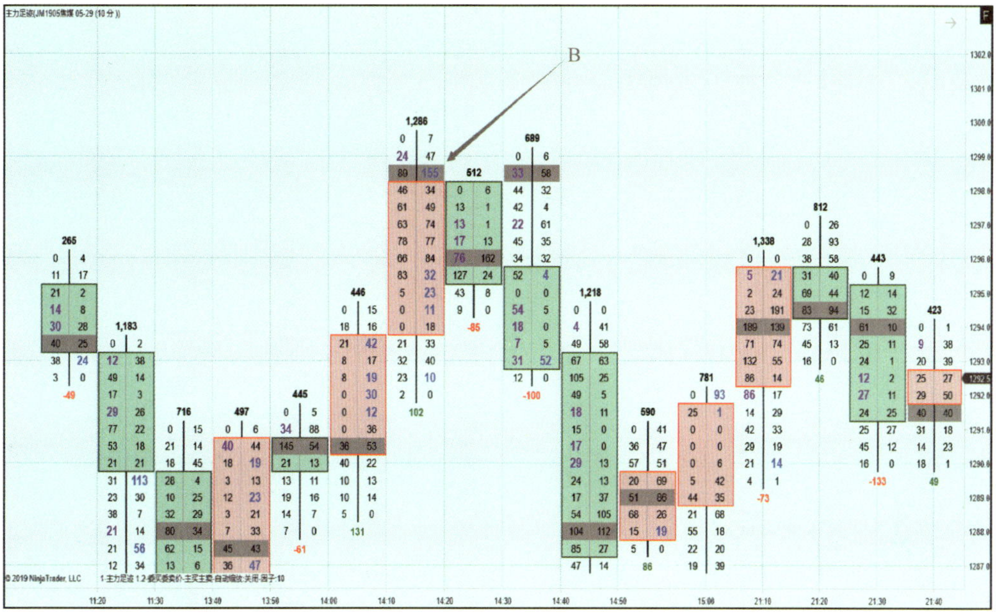

我喜欢上图中 B 点顶部的 POC，这说明顶部存在被套多头交易者，随后的阴线出现了供应堆积区域，同时 Delta 值由正转负，预示着从底部开始的上涨遇到阻力，趋势反转，可以伺机做空。

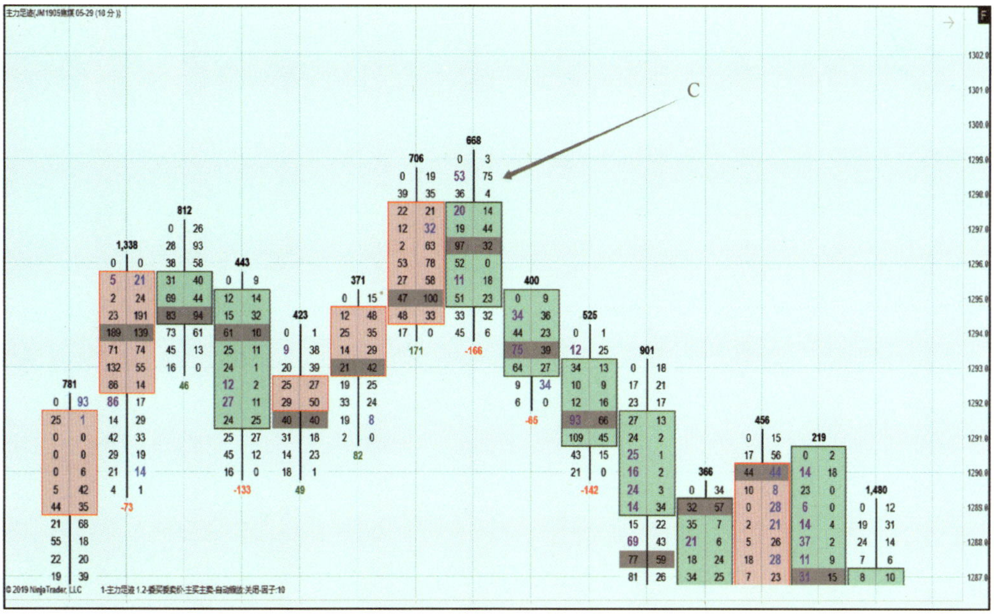

上页下面的图中，C 点顶部出现了供应失衡现象，同时 Delta 值由正转负，也形成了潜在的反转信号。

作为一个交易员，我们的工作是找到交易机会，并且是要找到有可靠理论依据的交易机会。

如今期货的交易时间是从周六晚上到周五下午。一个交易日过去是 6 个小时，现在则是 23 个小时，我们不会像过去那样看到很多跳空缺口。如果在早晨或傍晚有些突发事件，市场可以立即做出反应。因此有时候在夜盘的交易时间段，通过价格走势就能够确定一整天的交易区间了。

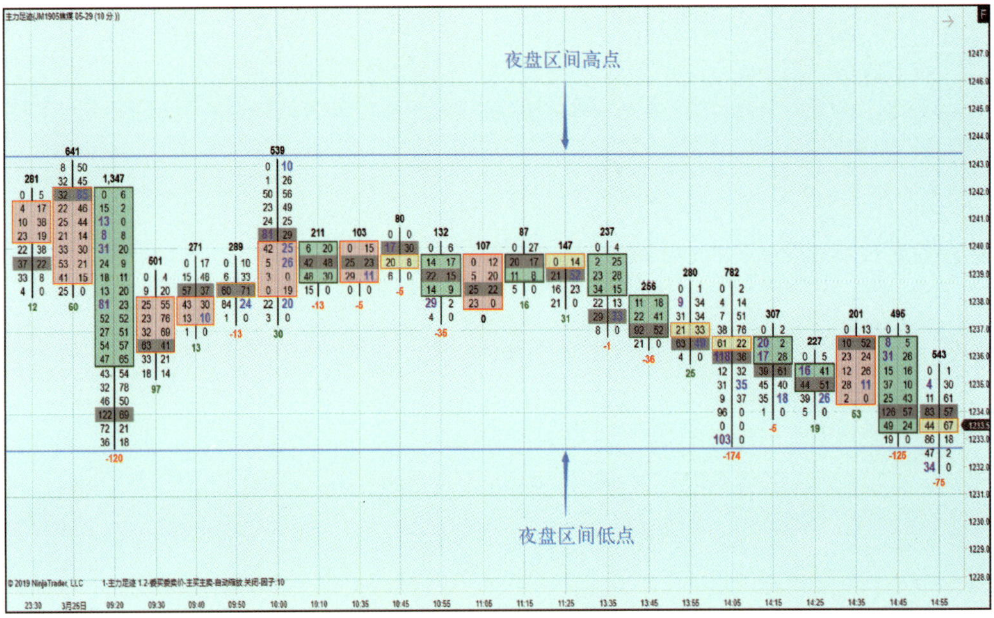

有时候夜盘的价格走势就足够确定整日的交易区间大小，如上图所示，上下边线为前期夜盘的交易区间的高低点，可以看到在 10:05 价格上冲测试夜盘高点，因上涨乏力回落，形成上影线，14:05 下跌测试夜盘低点，底部出现了 103 手的主动卖单，预示着存在被套空头交易者，无法突破支撑位，需要进行调整。

关注全天交易时间段非常重要，因为非活跃交易时间段的走势为活跃交易时间段价格变化提供了参考。在夜间走出的区间高低点是非常关键的点位，除非已经形成了趋势，否则夜间形成的高低点会在当天的正常交易时段再次被光顾，而供需对这些点位的态度需要引起我们的重视。很多大的公司都会有全日无休的盯盘岗位，他们会时刻关注基本面的变化，并立即在市场中执行相应的操作，调整他们的头寸，因此重视这些非正常时段的关键价位很重要。

另外一个我喜欢订单流图表的地方在于，它可以告诉我什么时间点供应或需求的力量涌入市场，什么时候需求控制了市场。如果在接近高点处我没看到需求的进入，相反看到的是供应力量的出现，我会找机会做空市场。在高低点位判断谁控制着市场是一项很重要的能力。

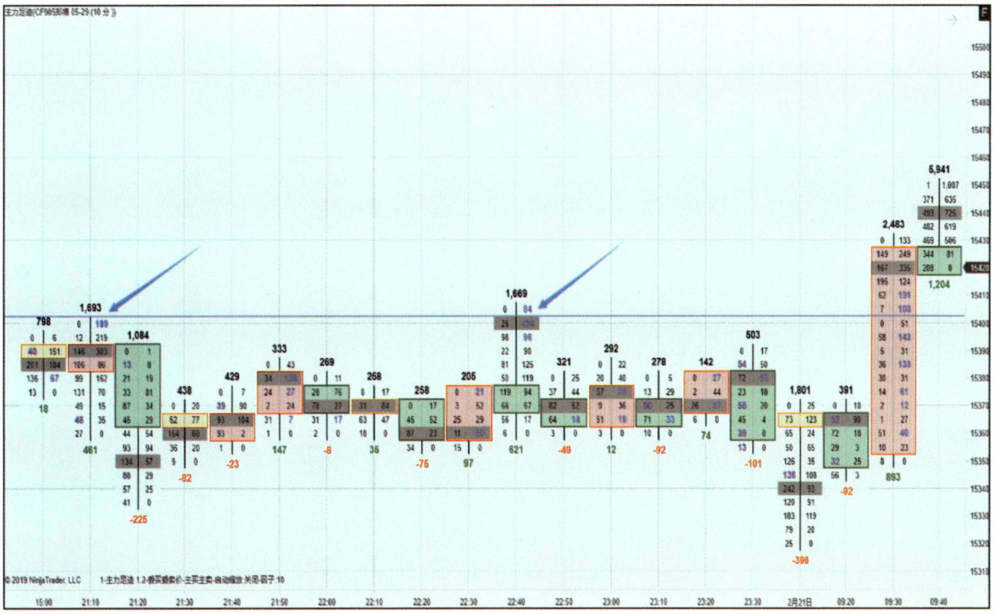

上面这张图表非常有意思，从夜盘交易时段可以看到，价格两次试图突破 15402 的价位，但是都失败了，第一个箭头处 K 线顶部出现了需求失衡，第二个箭头处 K 线顶部出现了需求堆积，说明这个价位存在主力资金打压价格上涨。直到早盘开启，价格在经过一个深度回调后，以气贯长虹之势突破了夜盘高点。

当价格再次测试关键点位，我们需要观察价格是否会突破这个点位，创造新的高低点。当我看到价格接近高点时，我会期待有主动型卖方入场，保护阻力位。同理，当我看到价格接近低点时，我会期待主动型买方入场，保护支撑位。

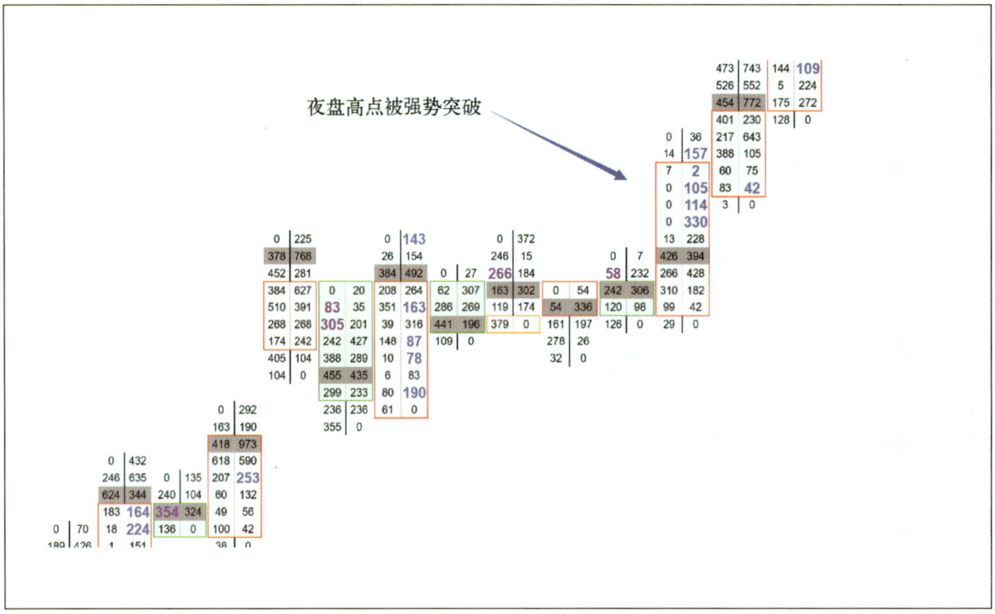

全天交易的市场的区间高低点经常在夜盘产生，因此我们需要特别留意当这些关键点位在被测试时价格的反应。如图中夜盘两度突破未果，当早盘开启时，主动型多头出现，K线中部出现了需求堆积现象，我喜欢它一举突破前期高点的形态。

如果价格在上涨的过程中费了很大的力气，那么它突破的阻力位创新高的可能性就很低。相反，如果在下跌的过程中遇到了需求的顽强反抗，那突破支撑位并创新低的可能性就很低。而订单流可以很好地反映某段上涨波或下跌波的力度。

一个判断支撑位和阻力位是否能坚守的好方法是观察是否出现堆积现象。堆积现象说明在多个连续的价位都出现了供需不平衡，堆积现象说明了哪一方掌控着这片价格区间的主动权，这一般代表主力的扫盘行为。如果在支撑位附近看到了需求堆积现象，这是主动型买方入场，拒绝价格下跌的信号。如果在高点附近看到了供应失衡，说明主动型卖方入场并带动价格下跌。当然我们不可能在每个高低点都看到这种现象，不过如果真出现了，可以让我们对操作更加自信。

价格从低点反弹有两个原因，空头平仓，或者多头建仓。

价格从高点下跌有两个原因，多头获利了结，空头建仓。

当我们成功预测了高低点，回报是丰厚的。但是如果我们处理不当，误判了方向，后果也很严重。

订单流让我们有了分析一根 K 线内部结构的能力，通常我会寻找几种特定模式，我叫它们大单和微单。

如果我们看到顶部出现了大的成交量，却没有跟随行为，这可以理解为吸收现象，是市场反转的标志。当价格对阻力位发起冲击，但是被大量顶部的供应所吸收，并发生反转，在之前上涨中被吸引入场的散户交易者，因为立场不坚定，会立刻止损出局，从而造成流动性缺失，价格下跌寻找流动性充裕的区间。结果就是立场不坚定的交易者在流动性缺失导致的下跌中被驱赶出局，他们的筹码转移到主力手中，这意味着价格做好了上涨突破的准备，有句老话“跌得有多深，涨得就有多猛”，形容的就是这个过程。我总是会标记那些高点处出现巨大主动买单量的价位，以便当价格再次反弹至该价位时，观察价格行为的变化。

还有一点要注意的是，这个巨大的成交量并不需要集中出现在一个价位，可以分布在附近的几个价位中，因为供应的挂单也会分布在几个不同的价位。

下页图展示了白糖的价格走势。

我们可以看到顶部成交量明显放大，大于平常 200~400 的成交量，大成交量出现在上影线部分预示着顶部有抛压。随后伴随着供应失衡现象，价格开始下跌。

在顶部观察到上涨受阻，供应可能来自机构，也可能是数个市场参与者，他们在这个价位将所有自己的筹码卖给试图推动价格上涨的多头。他们在这个较高的价位清空了自己的存货，这在订单流

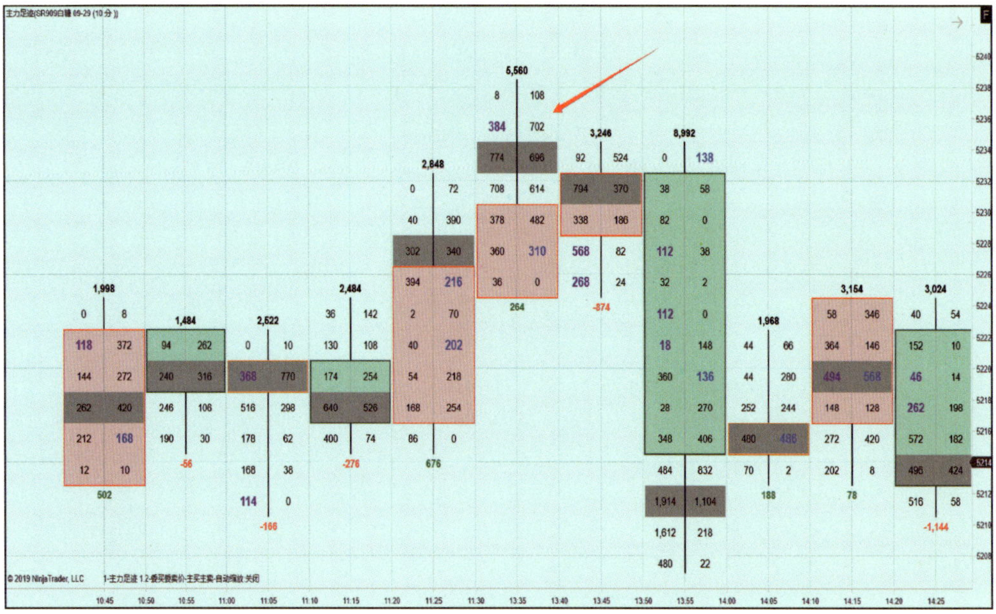

图表上显得十分突兀。当我们看到高位出现了大单，这表示机构在高抛，价格上涨困难，被限制。机构如果意欲推高价格，他们不会阻止价格上涨的。

当我们观察到顶部出现大单的时候，说明有机构交易者进场并愿意满足一切购买者的需求，这种现象通常会在短期内阻止价格的上涨。如果价格之后再次回到该高点，同样没有实现突破，这通常预示着价格疲软，是很好的做空入场点。

下页第一幅图展示了顶部出现大单，预示反转的示例。

顶部出现了大额的主动买单，价格却无法继续上涨，收上影线，说明上涨遇到阻力。

下页第二幅图也是同样的道理，顶部出现大量主动卖单打压价格，并收了个上影线，之后的价格下跌到底部。底部成交量明显放大，而价格收了个下影线，我们断定有主力入场提供支撑。

如果在底部看到大单，这代表了机构入场做多，在这个价格接住了所有抛向市场的卖单，而这个行为通常会阻止价格的下跌。如果之后价格再次回落至该价位附近，无法突破低点，往往未来价格

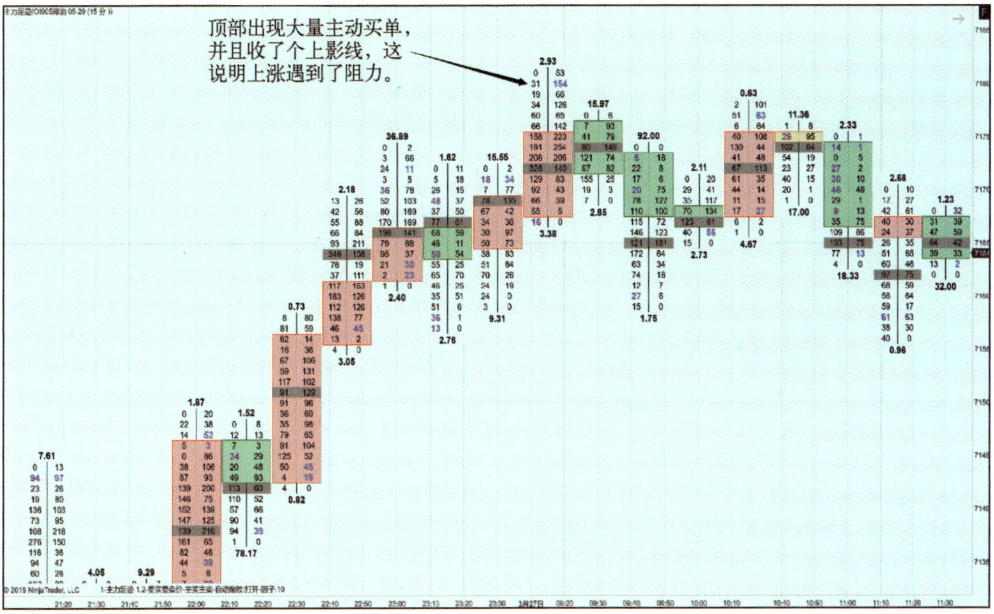

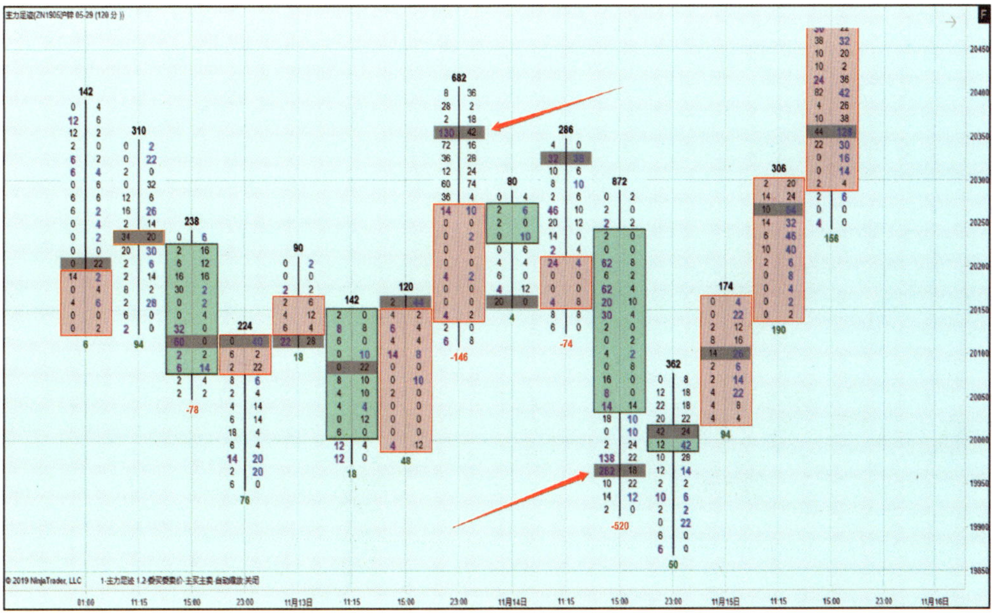

将会走强。

微单在高低点同样重要，特别是当它出现在大单之后。这代表着在高点最后一个多头也放弃了推动价格上涨，或者在低点最后一个坚定的空头也放弃了带动价格下跌。当顶部已经没有更多的买家入场时，上涨趋势会终止并掉头下跌。

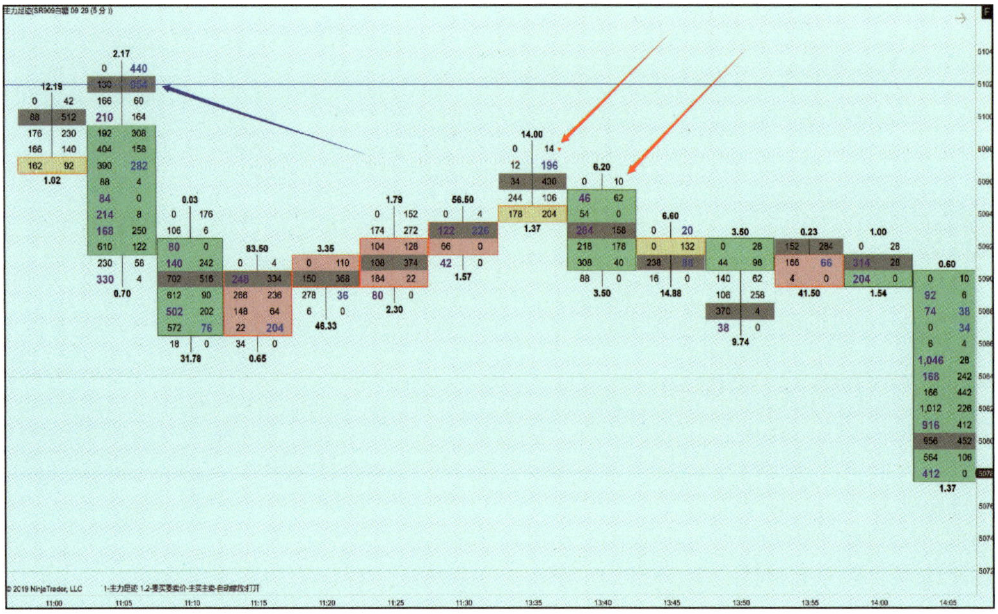

如上图所示，蓝色箭头顶部出现了大单，随后价格下跌，当再次尝试上涨的时候，如图红色箭头所示，顶部出现了微单，表示已经没有更多的买方愿意在这个价位买入，上涨乏力，随后白糖开启了一波下跌。

下图是接下来的走势。

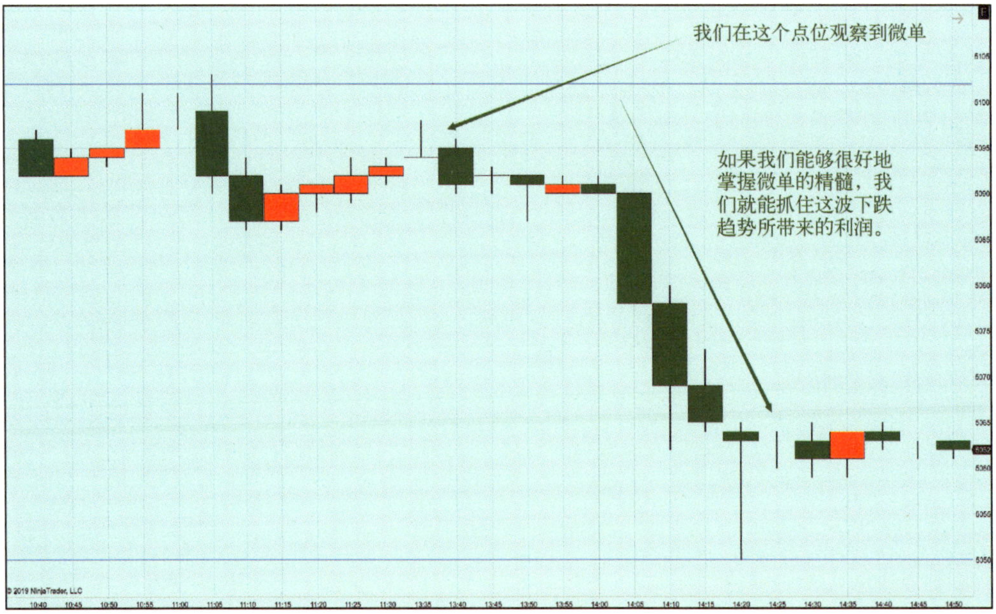

微单预示着价格弱势，趋势达到这个高度后，没有继续出现跟随订单，于是改变方向下跌。当然也有可能是某些主力制造假突破从而触发止损单，不论如何这都预示着价格的动力不足。

当我们在顶部或底部看到大单或者微单，要立刻转换思路在相反的方向上找机会。这些都属于小风险的入场点，因为大单或者微单形成了关键点位，价格想要重新突破这些点位可没那么容易。

预测反转能提供我们低风险和高回报的入场点，想用传统技术分析图表发现他们是困难的，而通过订单流我们能亲眼见证一个反转的形成。

价格在低点逗留的时间也同样重要，例如价格来到低谷，在底部附近逗留，却没有进一步下跌的势头，日内空头交易者就会变得十分焦虑，他们在价格的下跌中发挥了重要作用，却没有得到应有的回报。之后价格开始上涨，空头交易者失去了耐心，纷纷平仓，价格越高，空头平仓的人越多。最终一个由空头平仓而来的上涨形成，价格开启反弹。

长线分析

长线分析是每天交易前准备工作中必不可少的一部分，我需要对交易的品种近期总体的走势有一个概念，所以我通常先从周线图或者月线图开始分析。先看大背景下上涨趋势是否在延续，下跌趋势是否在延续，然后我再看日线图和分时图，观察市场中是否出现了供需不平衡，哪里是价值区间，哪里会存在大量的被动交易者。

每天开盘前我都先完成这些准备工作，因为这些支撑位和阻力位对我的日内交易至关重要。投资者总是关注短期市场趋势、经济报告、彭博资讯、CNBC 新闻，他们很少会倾听市场本身在告诉我们什么。

有时候投资者眼光总是过于狭隘，总是关注价格和短期的某根 K 线，而不是从更上层的角度观察市场，研究每天都出现的供需转换。退一步讲，将视线放在更大的时间周期上，就不会总是迷失在日内的赌涨赌跌，整天盯着同一个图表看同样的数据确实容易让人头昏脑胀。

有了宏观分析这个准备工作，我们能看出长期的支撑、阻力线，当市场逼近这些关键点位，我们已经做好了万全的准备。

关键数字

知道哪些关键价位能指导我们的交易是成功的必经之路，我们不能整天只靠直觉交易。

进行宏观框架分析，这是我们每天的准备工作，记录这些市场会试探的关键价位尤为重要。

1. 一年中的最高价；
2. 一年中的最低价；
3. 两个月最高价；
4. 两个月最低价；
5. 上个月最高价；
6. 上个月最低价；
7. 两天前最高价；
8. 两天前最低价；
9. 两天前收盘价；
10. 昨日最高价；
11. 昨日最低价；
12. 昨日收盘价；
13. 夜盘最高价；
14. 夜盘最低价；
15. 支撑线；
16. 阻力线；
17. 转折点
18. 昨日价值区间高点；
19. 昨日价值区间低点；
20. 以今天为最终期限的重要经济事件和时间点；
21. 今天发生的经济事件和时间点。

似乎有太多我们需要关注的东西，事实上每天只需要花几分钟就能整理好这些信息，并在我们的图表上进行标注。

神秘力量

一个重要的前提是，如果按正常逻辑下市场预期中的走势没有发生，其中必有蹊跷。那就是存在不寻常的力量在短期内阻止了市场预期运动的方向。如果我们发现了这股入场的力量，我们就能利用它进场获利。或许不久之后还会发现别的入场的力量，辨认出这些力量能让我们在短期内获利。

如果我们看到市场顶部出现了很大的成交量，阻止了价格的上涨，这是弱势的表现，我们必须改变态度立即看空，因为这股做空的力量已经露出了马脚。有很多投资者在这种时刻会加入买涨的大军，而迟迟不见上扬的价格让他们十分焦虑，如果能辨识出潜在的空方力量，就能让我们避免类似的错误。

市场上万事皆有可能，我们不可能预测到所有入场交易者的心态。在任何交易时点，都会存在一个主力入场执行和你预期方向相反的交易决策的可能性。

另一个会对订单流图表产生很大影响的是，当一份经济报告即将来临，或是一个重要会议正在举行，订单流上会显示缩量，直到这些重要的决策公布，才引起市场情绪的爆发。在我的职业生涯中，我意识到了一个很重要的事实，那就是当一些重要的例如非农数据公布时，疯狂地进行交易引起价格上蹿下跳的并不是主力，而恰恰是那些个人投资者。个人投资者往往在数据公布前就根据自己对结果的预测建好了仓位，当结果与预期背道而驰的时候，他们会疯狂地平仓来避免更大的亏损，从而引起市场波动。当市场波动逐渐减小，主力才会决定下一步的操作方向，有时候市场的方向会在重要决议或数据公布的时候才会显露。

我总是建议在重要决定公布前后尽量不要参与交易，有时候市场会遭受到来自重要新闻出其不意的打击，然后等待你的结果只有亏损。

订单流在长线交易中的应用

绝大多数交易者用订单流分析短线交易，其实对于长线交易它也有用武之地。投资者会开发许多模型，通过分析经济活动中的供需力量、经济指标，甚至政府政策来预测价格走势。

这些模型存在的一个问题是，用已知的数据来对未来进行预测。数据的质量越好，对未来预测的解释力度就越强。不幸的是，很多基本面数据仅仅是样本，而结果充其量只能算是预测，并且这些样本经常会被修订。

运用订单流分析日内交易的方法也可以用于分析长期趋势，下图展示了玉米期货的走势。它在1月12日达到了最高点2085，之后下跌了将近200点，如果我们分析传统K线图，能做出正确的建仓决策吗？或许你可以，事后分析总是很简单，指着已经完成的走势图说应该在哪儿买在哪儿卖。或许大多数人不能精准地在最高价出手，而订单流给我们提供了一个明确的价格反转点。

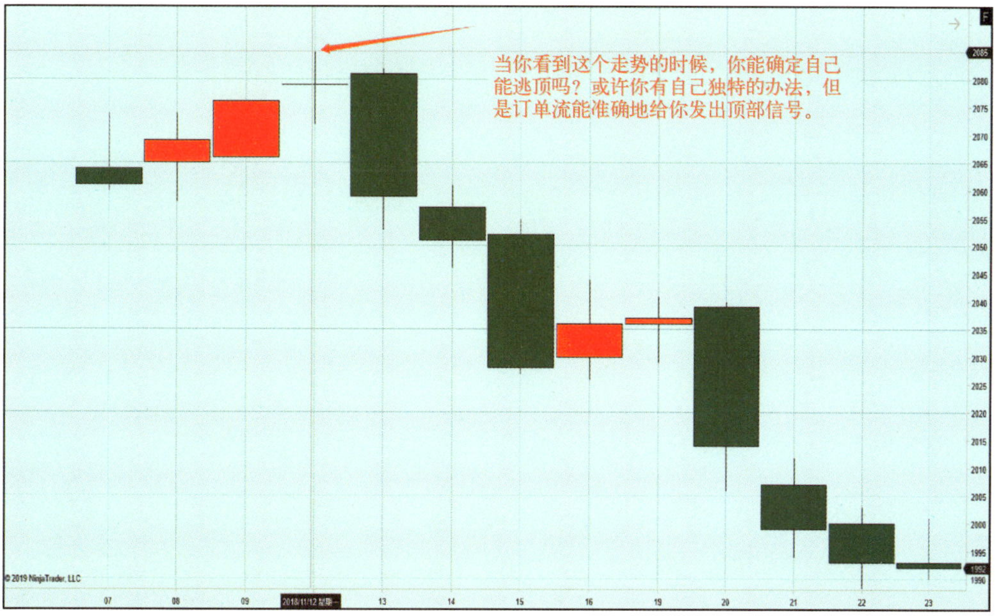

接下来是订单流的威力。

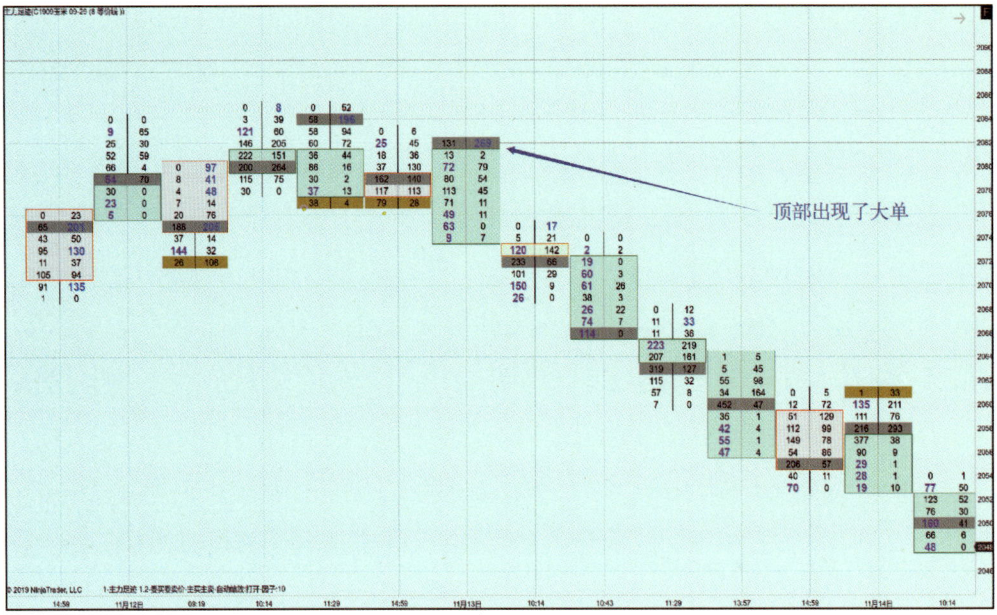

上图箭头指向的K线中，顶部的269手是很大的主动买量，却没有推动价格的持续上涨，而且在顶部出现了需求失衡，而价格收盘远低于开盘价。之前的三根K线都收了上影线，同时前面有两根K线的顶部出现了POC。当价格达到2082的高点时，犹如撞上了一堵墙，说明顶部存在大量供应。多头已经无法将价格推高了，并且在价格下跌的过程中我们看到了供应堆积现象，在2082价位入场的多头此刻被套了，他们不惜割肉离场，因此他们会疯狂地平掉自己的头寸。

订单流的优势在于潜在的市场力量可以形象地呈现在我们的眼前，市场参与者的意图暴露无遗。

交易计划和资金管理

交易决策管理是在交易中经常被忽略的环节，几乎所有有关交易的书都会提到资金管理。确实，学会定义每笔交易的收益风险比是十分重要的，投资者应该学会耐心持有从而赚取一笔交易的最大收益，同时也应该学会，当意识到当初的交易决策错误时坚决止损。

职业交易员都清楚一个事实，即使他们将每一笔交易从技术面、基本面都做到极致，仍然会亏损。市场风云变幻，捉摸不定，学会接受失败是成为一名职业交易员最关键的一步，再出色的战马也会有失蹄的时候。

建立一系列交易规则会给你一定的概率优势。如果交易的规则没有满足，就不要入场交易。一旦你违背了这些规则，就会陷入危险的境地，而这最终会导致亏损甚至破产。任何时候记住要保持理智，跳出你的持仓方向，理性分析市场走势。如果你认为选择了一个完美的入场点，那么当市场出现与你的交易决策相反的走势时，先入为主的观念会让你对它们视而不见。

当趋势出现反转信号，或者当初支持你入场的条件已经不成立，我们必须立刻平仓，这可以帮助我们赚取合理的利润，避免无谓的亏损。虽然我们放弃了潜在的盈利，但重要的是这笔收回的资金我们可以寻找新的交易机会。通过订单流交易，我们经常会看到价格达到某个点位后停止，无法继续保持强劲的走势。又或者是市场中出现越来越多的主动交易者，使趋势实现自我增强，暂时还不需要平仓了结。

每个成功的交易员都在探索完美的交易和资金管理的方法。斩断亏损，让盈利奔跑。在经历了一波大涨后，因为没有遵循自己的退出策略，从而将所有利润回吐，扭盈为亏，再也没有比这更难受的事了。

对于每笔交易都会有五种结果：大赚、小赚、不赚、小亏、大亏。只要我们避免重复出现大亏的情况，最终我们都能实现盈利，这也是必须得用止损单的原因。但是不要以为有了止损单就能高枕无忧，我们还是应该时刻监视价格走势变化，避免每次都触及止损单达到最大亏损时才平仓。合理加仓可以摊平我们的成本价格，将大亏转化为小盈。

我认同的投资理念是，只赚我看得懂的钱，只在市场出现了我认同的形态时入场。每个交易员在投资生涯中都会意识到，没有人能精准地抓住价格的每一次波动。

让我给你举个例子，假设你想在 357.75 价位做多玉米，按你的假设，价格跌破 351.00 标志着这次做多计划的失败，因此你将 351.00 作为你的止损价位，而你的目标价位是 380.00，开始一切都和预想的一样，价格涨到了 373.00，之后价格开始了震荡的走势，并且在 371.00 价位出现了吸收行为，之后价格在主动型卖方的推动下跌到 367.00。行情已经转变，有两个标志说明市场已经开始反转了，你还没有达到你的盈利目标。你可以选择现在平仓，赚取一部分利润；或者你选择继续观察，对价格的后续发展毫无头绪，可能是达到你的止盈线 380.00，或者是跌到止损线 351.00，这两者都有可能发生。很显然，前者才是正确的做法，因为市场已经告诉你它要开始反转了。

亏损是交易的一部分，这是个无可争辩的事实。我们可以换一个角度，将交易看做是做生意，控制自己的亏损在一个小额的可控制的程度。不要把你的交易生涯赌在一次交易中，一次的亏损不会成为射向你大脑的子弹，更像是击打你身体的一拳，这不会对你造成致命的威胁。保住本金，让自己有继续在牌桌上待下去的资本。

懂得如何控制风险对一个交易员来说至关重要。有了合适的风险管理策略，或许一个交易员的总亏损次数会多于总盈利次数，但是只要他的亏损都很小，而盈利都非常大，他仍然可以获利。

一个交易员的目标就是不断地获利，不出现大的亏损，只有小的止损带来的亏损，并且不会经常出现亏损。如何才能做到这些要求呢？交易员需要不断寻找有价值的交易机会，而不是为了交易而交易，强行交易。寻找高质量的交易机会，并把握住它们。不必每次要求都能抓住一波大趋势，而是能保证持续的盈利。如果不能保证稳健的资金增长，那长期来看我们的资金会慢慢受到侵蚀，当大的交易机会来临时，我们已经失去了翻身的机会。

一波大涨在没到来之前是很难预测的，不要终日把心思花在抓住一波大牛市上，寻找高收益低风险入场点能给我们提供交易优势，在任何级别的趋势上都能获利。我在这本书提供的交易理念，有时候会让你赚取一大笔利润，有时候是一小笔，有时候是一小笔亏损。

另外一个常被忽视的是关于交易和资金管理的痛苦阈值，它是一笔亏损会影响我们投资情绪的界限，清晰地知道自己的痛苦阈值可以帮助我们在交易中减少情绪的干扰，如果你痛苦阈值是亏损 10 跳的价格，而你的止损单却设在 20 跳的价位，在价格触碰止损前，你总会想着早点止损离场避免亏损太多，这对我们的交易会有很大的负面作用。

交易最大的敌人就是疯狂地幻想价格朝你预期的方向运动。你的愿望经常会落空，市场不听从任何人，它任性地按照自己的方式运行，如果你看到它没按照你的期望运动，请立刻平仓。

我们必须决定理想的入场价位。如果我们错过了某个交易机会，我们就已经失去了潜在的利润，市场情况已经发生改变，支持我们入场的原因已经不存在了。市场每天都会提供很多次交易机会，失去了一次交易机会并不意味着世界末日，还有很多机会在前面等着你。

投资者经常犯一个错误，他们会不经过仔细思考就开始交易，然后静静等待市场朝自己预期方向运动，而价格可能是在区间内部震荡，账户在浮盈和浮亏之间反反复复。如果你根据某条准则做出了你的入场操作，那当市场没有按你的预期方向发展的时候，就是计划失败的一个信号，它告诉你该平仓或者适当减仓以避免更大的风险。如果已经过去很长时间而你的持仓还没有盈利，那它会带来盈利的机会就越来越低，此时的状况已经与你当时判断进场时的状况产生了很大差异，必须重新审视它。坐着等它突破是不明智的，平仓寻找其他已经走势明显的交易机会，发挥资金最大的利用效率。不要在一个没有把握的走势图上浪费时间，因为这会让你失去更多、更好的交易机会，如果在建仓后市场的发展没达到你的目标，立刻离场。

有一种经常被人们忽略的止损单叫时间止损单，大多数人会用价格止损单来进行止损的操作，如果市场向反方向运动，达到了设定的标准，就平仓止损。而时间止损单是基于时间设置的，一定时间后自动平仓，当投资者建仓，但是市场仍然处于震荡形态，在很长一段时间都没有往预期的方向运动，当初我们选择建仓的理由就已经不存在了，此时最明智的选择就是断舍离，而非和你的订单白头到老。当我们平仓后重新从客观的角度评价这个市场形态时，才会发现它并没有任何吸引你入场的地方。

交易的盈亏也包含运气的成分。一天之中任何事都可能发生，有时会出现，你刚加入空头的大军，期待着一波迅猛的下跌，突然发现你是最后一个加入这个队伍的人，没有更多的供应力量涌入。你无法忍受长时间内价格没有进展所带来的折磨，在低位放弃了自己的仓位，然后看到市场开始上涨。有时候一切都非常完美，你设定了10跳的止盈线，而价格距离你的目标价格已经走了8~9跳，就差一点你就能够达到目标了，但是市场却突然掉头，你又失去了到手的利润，而你却无能为力，因为市场不听从任何人的指挥。当然，有时候它也会带来好运，你做空市场，然后市场突然出现了一个大跌，你赚取了巨大的利润。运气总是把双刃剑。

散户总是喜欢躲在支撑位和阻力位后面，想着这样做会让自己的亏损最小化，但现实是许多专业的交易员是很清楚哪些点位埋藏着止损单的，从而故意在这个地方制造假突破诱骗个人投资者。

当我们做出一笔交易前，一个很重要的问题是这次交易计划需要冒多大的风险，大多数投资者都看过几本交易方面的书，它告诉我们可以用止损单管理自己的风险。但是，书中没说止损单会让你在并不理想的价位失去你的仓位。价格可能因为巨大的惯性冲破你的止损价，你不能保证一定能在设定的止损价将仓位全部平掉，所以仅仅用止损单不是真正意义上的风险管理。

当谈到止损单，总有人喜欢讲一些废话。我十分同意应该经常使用止损单，投资者亏掉的本金主要源自相对多的小亏损，而不是那么一两次偶然的巨亏。正确的止损单是我们交易计划的一部分，早在入场前就已经决定好了，但是我们不能总等到止损单触发才平仓，当市场不按我们的预期发展时，就应该平仓出局了。这意味着我们总是依仗着那 10 跳价格的止损单帮我们管理风险是不对的，我不是说不需要这个步骤，而是说在止损价离场是最坏的打算，如果能更早地察觉风险来临，为什么非得等跌到止损价才平仓呢？

设定止损单点位的方法非常简单，就是设定当价格达到这个点位的时候，支持你入场的原因已经完全被否定。这可以算是共识了吧，如果你看到一波趋势即将启动，决定入场做多，那价格该运行到哪个价位才会让你否定你之前的判断呢？

如果你的止损单触发得太过频繁，说明你的止损价设定得太紧了，或许你会认为设定的止损额度越小，越说明你能很好地管理风险，但这实际上是增加了你的风险，因为这增加了你的止损被打破的概率。价格运行需要一定的空间，止损单应该布置在预示着走势出现结构性改变的点位，并不是说某个固定数额或者比例的止损会适合所有的交易者。我们不应该经常被扫掉止损，当这种情况经常发生时，说明交易上我们需要学习的东西还很多。要让每次止损出局都符合你自己的抉择，而不是当看到触发止损后价格反弹再扼腕叹息。当我刚开始交易的时候，我发现我是个预言家，价格总是精准地打破了我的止损后扶摇直上，奔向了我的目标盈利价位。事实上这就是止损单设置的问题，而使用订单流能给我们提供更合理的止损价位。

一定要记住交易并不是总能成功，虽然后天交易技术的精进能大大提高成功的概率，但总有小部分的交易是失败的。如果某个交易计划宣告失败了，这并不意味着当初我们的分析是错误的，也可能是在入场后市场情绪发生了转变，有了订单流这种武器，我们能提早感受到市场情绪的变化，并平掉我们的仓位。

让我们类比一下拳击比赛，如果一个拳击手没有抗击打能力，他永远不能成功。如果两人比赛，一人正在不断地防御着另外一个人的出拳，这并不代表他即将输掉比赛，他在规避风险，并寻找制胜的机会，当机会来临之时，他就像饿狼般扑向猎物，而这才是属于他的胜利来临之时。

总有些自称交易大师的人说，如果建仓位置选得好，价格向有利于你的方向移动，就应该把止损单放在你的入场点，保证稳赚不赔。问题在于如果价格围绕某个价位波动，特别是长线分析的关键点位，供应和需求双方总会爆发很多场战争，如果你相信你的交易技术，你就应该给价格多一点迂回的余地。交易中最糟糕感觉就是追求稳赚不赔而过早出场，白白错失了一波大趋势。

有句老话说得好：拒绝亏损可以保证让你不破产，但我觉得下一句应该是：出局太早让你永远不能赚钱，每次都追求小赚，最终的结果就是亏损，因为小赚很难积少成多，形成巨大的利润，把握住大趋势才是王道。

当投资者对市场方向有更清晰的判断，有能力寻找到更好的入场点和交易时机，他就不会太担心自己的止损单总是会被打穿。这需要我们能遵循传统的技术分析，分析大多数投资者的止损点位，剖析市场微观结构。

如果你决定平仓，说明你确认了市场状态已经发生了变化。当你持有仓位时，你对市场走势的看法会不自觉地偏向对自己有利的方向。你一定要时刻牢记第一次入场点的形态，并与正在进行的走势对比，如果支持你交易的原因已经消失而你还没平仓，这相当于你在排着队给市场送钱。

当你发现市场走势改变，该平仓出场时，就不要再考虑该在哪个点位出场能让你少亏一点钱了，应该坚决出场，然后以一个全新的视角再审视这个市场。或许你会想着调高一点平仓价，好让价格来个小波动扫掉止损，让自己少亏几跳的价格，但是更多的情况是价格直奔你的止损价而去，结果就是你为了省那几跳的钱而达到了你的最大亏损额度。

出场点在盈利的计算等式中占了半壁江山，因为正是出场点和入场点决定了你的盈利和亏损。所以不要轻视它，所有的交易者总是过分注重入场点的选择而忽视了出场点的重要性。

正确的交易操作

正确的交易操作是对价格行为进行分析，在机会出现的一瞬间抓住它。价格走完后指着这个地方说要买，那个地方说要卖是很简单的，因为说往往比做容易。

当在实战的时候，一切结果都是未知的。每当你开一次仓，你就是把这一份资金暴露在风险之下，但是人人都追求确定的结果，所以当他们在实战的时候总是犹豫不决。

每一次决定执行的交易操作，都是基于我们对市场供需的理性分析。这不像赌博，结果是随机的，与分析无关。当我们在赌场输钱的时候我们会选择默然接受，因为它是随机事件。但是，当我们的交易账户开始亏钱的时候，这很容易导致我们对自己产生质疑，从而为我们增添了很多压力，无法做出理智的判断。

正确的交易决策是避免因为已经持仓的原因而对自己的交易决策进行二次判断。当看到交易机会来临的时候，牢牢抓住它，当市场转变的时候，坚决地止损。

交易心理分析

交易是一门学问，而不仅仅是关于资金的问题。你的交易生涯会潜移默化地影响你的生活，影响你的情绪，影响你的食欲，影响你的朋友圈子。当你挣钱的时候，一切都是美好的，世界都在你的掌控之中；当你亏钱的时候，你会茶不思饭不想，脾气也不自觉地变得暴躁。

每个交易员都想每天挣钱。设定一个简单可实现的目标会帮助我们重塑自信，人们做交易是因为想赚钱，每当一个新的投资者进入市场，都想着能够立刻赚大钱。他们幻想着用5万的本金在一年之内实现百万的收益，这不是一个有建设性的目标，因为这不现实。先从每日赚250或500这个小目标开始，每当你能完成这个小目标时，你就具备了能够稳步增加利润的能力。举个例子，如果目标是20跳的盈利，当20跳已经达到的时候，你就可以暂停并决定今天是否还要继续交易。在行情好的时候你能赚到100~500跳的价差。但是如果连20跳的价格都很难实现，或许你应该停止交易并喘口气，冷静一下。如果你已经亏损了20跳的价格，这说明市场前景不明朗，你需要减小你的仓位，精心聆听市场在对你说什么，如果交易总是无法达到预期的效果，或许今天应该停止交易。

在设定了一个每天容易实现的目标后，我们就能够保持连胜。从心理学的角度来说，如果你能够保持连胜，当你回想起这些情景时，会给你带来很大的精神上的鼓舞。“我已经连续盈利8天了，我已经连续盈利22天了”，这些心理暗示会在你亏损的那一天帮你重塑信心。就像是戒酒的人给自己设定目标为一个小时不喝酒，然后是一天，一天变成一周，一周变成一个月，最终达到了戒酒的目的。

市场明天会正常开盘，不要总想着要在一天之内征服它。这就像体育比赛，冠军不会是那些只是在一场比赛击败对手的人。往往是通过一段时间，一系列的比赛才决出了最终的胜者。

持之以恒是所有的交易者永远的座右铭。当然不排除有些成功的交易者十次交易九次亏，到第十次直接一波大赚将之前的亏损全部抹平。但是大多数交易者在经历了九次亏损的时候，心态上已经受到了影响，等到第十次真正的机会来临时，他们已经在不断地质疑自己，从而变得胆小如鼠，在有一点小的盈利之后就早早收手，失去了把握住大趋势反败为胜的机会。

真正的大趋势总会来临，把握住一次可能对你的人生都是质的飞跃。但是，没人知道它什么时候会来，所以我们必须做好心态上和资金上的准备，当它真正来临的时候，必须牢牢地把握住。

了解自己的人格对你的交易至关重要。每个投资者都是不同的，这反映在每个人的盈利和亏损中。你能为了巨大的成功而忍受巨大的亏损吗？你更愿意为一部分小的盈利而承担一系列小的亏损吗？你更愿意在1~2分钟的小时间周期进行交易，还是分析60分钟甚至日K线走势图呢？你需要不断探索，找到适合你交易的舒适区。

贪婪和过度交易

过度交易是这么多年来许多交易者破产的原因。过度交易的原因有很多，其中最主要的是贪婪在作怪。贪婪很容易滋生，当你有了几次盈利的交易以后，你就会开始骄傲自满，从而开始打一些擦边球，这违反了你最初所制定的交易规则。另外一个例子是，之前你已经经历了一系列亏损，由于你想将之前的所有亏损一次性扳平，你会开始尝试增加你的订单量，顺便赚一点小利润。很多人会对正在亏损的头寸低价加仓，便于摊低成本，这是典型的“市场是错的，我才是对的”的心理，你已经将个人情绪带到了交易当中，并开始对市场走势产生不满。千万不要总是为自己亏损的交易找理由，而不知悔改。

当价格朝着你预期的方向运动时，你会很自然地想你可以赚得更多，但这种想法只是你主观的愿景，没有任何科学的理论依据。这种愿景不会帮助你长久地在市场上保持盈利，如果市场已经达到了你5跳的目标盈利价格，不要突发奇想地认为市场还会在这个基础上再涨那么一两跳。

无所事事也是我们过度交易的原因之一，有些交易者总有种想交易的冲动，不要为了贪图刺激而交易，市场不是你家开的赌场，当你在里面赌博并获利的时候，这或许是出于你有良好的直觉，也可能是纯粹的运气成分。但是，当你将你的交易决策完全依赖于直觉和运气时，这种行为和赌博就无异了。

人们总是一次次做好交易计划，然后又一次次将交易计划扔向窗外。请坚持你的交易计划，过度交易是最快的达到爆仓的途径之一。

学会空仓

本书的大部分内容都在讲入场点和出场点，但是有很多时间我们是空仓的状态，而空仓也是交易的一部分。我敢肯定你听过“顺势而为”，那你觉得当没有“势”的时候我们该做什么？没错，我们应该静观其变，等待趋势的来临。

这需要我们有很好的交易纪律，如果没有足够的理由支持我们交易，我们就不该做出交易的决定。

总有那么几天，你做的一切交易决策都是错的，所有的价格运动都和你反着来。当市场上发生的一切都变得捉摸不透，也就是说，你的入场原因一次次被价格走势所否定，这时你就该意识到市场当前的行为不同寻常，你需要保持空仓并重新审视它，有可能是缺乏流动性，导致很小的成交量都能造成很大的价格波动，或许是某个主力暴露了行踪，他们已经不关注价格行为了，只想尽早把手里的烫手山芋脱手。

矛盾信号

价格只会朝着它所希望的方向演进，投资者永远无法预测别的投资者在做什么。我不是说投资者无法预测哪些价位会出现大量的停止行为，这些是可以从订单流图表中分析得来的。我的意思是投资者不知道某个主力机构何时改变对供应和需求的看法，什么时候某个投资者决定要开始进行套利交易或者套期保值。

当你认为市场一定会按你分析的方向发展，而市场走势否定了你的分析，你又不承认这个事实的时候，你就离破产不远了。比如，你在订单流图表上观察到了顶部出现大量的卖单，基于此你做出判断市场会开始反转，因此入场做空，价格在跌了一小段距离后出现了主动型买方，但是你最初的决策告诉你市场会下跌，而你已经忽视了当前出现的强势做多信号，因为你在持仓，故无法理性地看待市场行为。这就是所谓的矛盾信号。

当你晚上正在分析着行情走势，并且保持着空仓状态的时候，你或许会对你自己说，我一定会选择方向明确的一侧进行交易。然而当你有持仓方向的时候，你可能会忽视一些市场行为，并且希望市场会朝着你最初持仓的方向继续运动。

判断错了市场行为不算什么，但是如果你判断出现错误，还对提醒你改正错误、立即出场的信号视而不见，这就有问题了，你必须学会合理地正视自己的误判。

成为一个成功的交易者远没有想象中那么简单，这需要长时间观察走势，判断交易点位的经验积累。

下页这张图展示了我所说的矛盾信号，你基于价格行为入场，但是之后出现了市场反转的信号，可能是支持你入场的原因已经失效了，或者市场另外一方的力量已经形成。

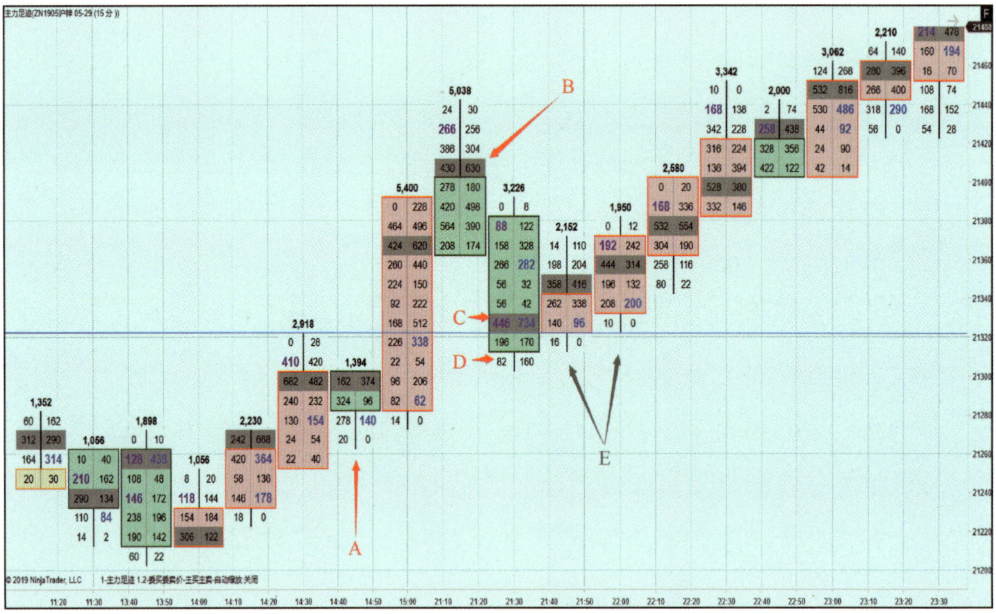

在上面这个例子中，我们看到在测试前期高点的时候，下跌出现了一根小阴线，A 点处 K 线底部的主动卖单是 20，明显缩小，这指示我们下跌动能减少，是微单信号，我们进场做多，随后价格上涨突破阻力位。然而上涨的过程似乎并不顺利，突破后的第一根 K 线顶部 B 点处出现 POC 和供应失衡现象，随后价格再次下跌回踩支撑位，此时你有三种选择，你可以选择平仓，等待价格触碰到你的止盈单或止损单，或者反转做空。在这里就体现出订单流图表的强大之处了，此图表中的例子，相比于反转做空，我更倾向于加仓，同时 K 线底部 D 点回踩到前期突破位后止跌，因为即使出现了价格下跌的信号，我察觉到 C 点处接近 K 线底部出现了大额的成交量，而该价位正是突破价位，说明这个价位涌现出了许多被动型多头投资者，阻止价格下跌，他们会给市场提供支撑。在随后的 K 线走势中，E 点两根 K 线底部不断抬高，同时底部都出现了微单，说明在这个价格区间的供应已经基本被吸收，所以我并不认为价格会有跌穿支撑位的可能性，之后价格开始了一波强劲的上涨。

高质量交易机会的特征

当我们会分析价格走势的时候，交易机会就出现了。当一项分析技术是易懂的，可以信赖的，才能称之为有用的技术。交易机会必须可以被有效识别，并能决定市场未来的方向。订单流能让我们快速捕捉转瞬即逝的交易机会，并时刻关注它们的变化，以便于我们做好准备，当时机成熟的时候果断出击。

我有一套基本的分析方法，每当准备进行一次交易的时候，都会再仔细看几遍。如果这些原则性条件没有被满足，这就不是真正可靠的交易机会。

买入条件：

1. 已收盘 K 线的 Delta 值为正；

2. K 线的收盘价大于开盘价；

3. 发现了主动型多头交易者不断吃掉上方订单，并推动价格上涨的证据；

4. 主动买单量远大于主动卖单量。

卖出条件：

1. 已收盘 K 线的 Delta 值为负；

2. K 线收盘价低于开盘价；

3. 发现了主动型空头交易者在低位不断地向市场出货，推动价格下跌的证据；

4. 主动卖单量远多于主动买单量。

最好的买入情况是市场上涨的过程中出现了需求失衡现象，同时市场突破了之前的吸收区间，价格控制权从空头转移到多头手中，趋势启动。

最好的卖出信号是市场上出现了供应失衡，并且跌破了吸收区间，失衡的供应胜过需求，如果市场由空方占据绝对性优势而下跌，下跌的速度会非常快。

并不是每个交易机会都会长得一模一样，成交量信息也不尽相同。主动型交易者在一根 K 线中出现的位置也不一样，POC 出现的位置也不一样，唯一不变的是形态背后的理论基础。

学会成为一名成功的交易者比想象中难，需要大量观察市场走势，判断供求关系的经验累积。

融会贯通

我已经解释了很多关于供需的概念，并举了很多例子。

现在我要告诉你我是如何将上述的一切综合在一起，构建完整的交易体系。世界上有很多交易理念，彼此之间没有优劣之分，我只是告诉你我是如何做的。我的交易理念可能和你的非常相似，让你有种打通任督二脉的感觉。但如果这种方法和你的背道而驰，让你觉得我是一个怪人，这也很正常。我并不是说我的方法是完全适合你的，而是说这种方法是最适合我的。

这种交易体系成功的概率非常高，或许使用它并不能保证每天都获利，但是持之以恒足以让你获得丰厚的回报，我在所有主要的期货交易市场都会用这套方法。

很多投资者有个共同点，就是他们的走势图上充斥着太多的指标，乱糟糟一团，一些指标说买，一些指标说卖，很难做出完美的交易决策。我喜欢保持我的图表整洁简约，以便于我能把注意力更多的集中在最核心的东西上。

投资者往往被卷入使用复杂的技术指标去预测市场走势的混沌中，他们总是忘了如果将价格行为抽丝剥茧，最底层仍然是供需关系。如果我们观察到一项产品、服务、商品、货币的需求增加，那它们的价格就会随之上涨。经济学家管这种现象叫“供需法则”，而不是“供需理论”或“供需观点”，需求法则和供应法则就像万有引力定律一样，是亘古不变的。

我会向你展示需求和供应是如何影响价格以及如何运用订单流分析市场走势方面的细节，这是你从传统技术分析中看不到的。

整本书的主要集中点在于，我们如何发现低风险、高回报的交易机会，方法简单粗暴，但我们用订单流可以很轻易发现它们。

这种简洁的交易方法可以应用于任何期货市场、任何日内等价图、等量图、等时图上。

让我们看下方的 K 线图，单纯地看图你能察觉到市场要反转吗？事后分析总是比事前预测简单，你会说，“嘿，这地方明显就是要反转了啊”，但你说这句话有确切的依据吗？除了顶部的阴线以外，你还能发现哪些预示着反转的信号呢？顶部的第一根阴线甚至都没跌破前一根 K 线的最低点。

好了别白费功夫了，让我们来观察订单流图表吧。

如下页图所示，看到蓝色箭头指向的 K 线的顶部了吗？这是需求失衡。超过 340% 的买卖比，在 2350 处有 2834 手主动买单量成交，这些是在上升趋势的最末端才买入的交易者，他们按捺不住自己的情绪，加入到多头的队伍幻想着为这波上涨再加一把力，随后价格下跌过程中出现了供应堆积现象，如紫色箭头所示，这是供应强势入场的体现，我们不用揣测买在顶部的人到底是怎么想的，反正每个趋势总有人要在趋势末尾才加入的。

重要的是，我们要意识到在顶部出现了被套多头交易者，不需要出现在最高点，只要是顶部总体上表现出需求失衡都符合我们的要求，这些可怜的买在高点的人再也看不到价格重新涨到他们的成

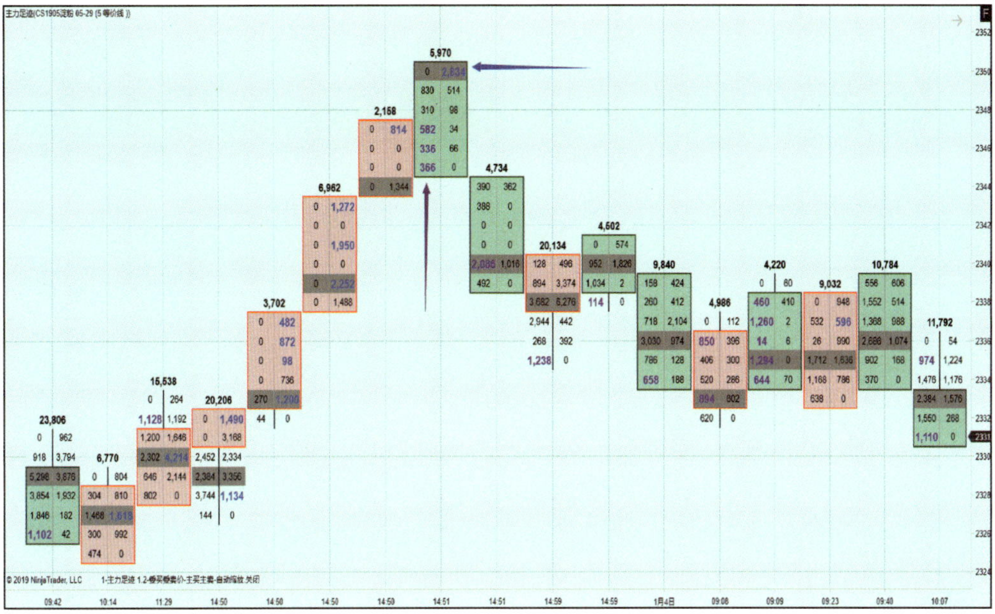

本价位来帮助他们解套了。

对于上图顶部的做空信号，我们要如何制订交易计划？

1. 我们在顶部察觉到了被套多头交易者，我更喜欢这种现象出现在顶部最高的价位，而不是出现在第二高或者第三高的价位。

2. 因为收盘价远低于开盘价，说明存在很强的卖压，使得市场开始下跌，如果出现了供应失衡或供应堆积的现象那就更好，但如果没出现也无妨。

3. 等待 K 线收盘对最高点进行确认，经常会出现看似我们已经有了很好的做空基础，于是在 K 线还没收盘的时候就急切地入场，但是市场立刻出现了反转，支持我们入场的理由不成立了，这时我们就处在很被动的位置。

4. 选择入场点，我们可以有很多种方法，我们可以在第二根 K 线开盘时买入，也可以在第一根 K 线下跌过程中开仓，当然这会有开仓后价格立刻反弹冲高的风险。我喜欢立刻持有头寸，所以我会立刻开手空单，之后我会在该 K 线的最高价和最低价之间拆单进行加仓，以防止它出现快速下跌的情况。当然，有时候会出现快速下跌有时候则不会。

5. 设置止损单，我喜欢在下跌K线的供应失衡价位上方2跳的位置放置我的止损单，这给了价格一点波动的空间，看起来已经很慷慨了。你可以将止损单放在不平衡价位或者上方1跳的价位，因为价格达到这些价位都预示着支持我们入场的理由失效。价格偶尔会反弹测试高点后再开启下跌趋势，在这个例子我会把止损单放在2352的价位。

6. 设置止盈价位，我们可以仅靠机械地设置止盈操作，也可以仅仅依靠自己的判断力来决定何时平仓。在上页图中我会将止盈单设置在10个点的价格之下。每当我持有了头寸，我会密切监视市场正在发生的一切，判断价格行为是否发生改变，如果改变了我会选择立刻平仓。

你会发现有些交易机会看起来十分明显，像是一个即将灌篮的NBA运动员，而这些交易机会都预示着低风险、高收益，我们绝对不能错过这种机会。

我喜欢那些至少有2∶1的盈亏比和不低于50%胜率的交易机会，当然我认为60%左右的胜率是最理想的。

每当我们的入场计划已经做好，不要轻易地调整它。人们总是在价格运行的过程中改变计划，仿佛在不断加工使得计划更加完美，这样做是不对的。我们唯一需要做的就是严格地执行我们的计划，让我们能安全地结束这次交易。

并不是所有交易机会都会出现在顶部或底部，盘整区间的时候也会经常出现交易机会，长时间的吸筹区间孕育出大趋势。

如下页第二幅图所示，底部K线A点处出现反弹，出现了需求堆积现象，建立了上涨的趋势。B点的K线是一根十字星，本身并不代表方向，但是好消息是它的下影线并没有跌破A点需求失衡堆积产生的支撑带，所以我们继续看多。C点两根K线的共同点是，它们的下影线都是收在了3166的价位，并且底部同时出现了微单，主动卖出成交量明显减小，说明下跌缩量，上涨已经触手可及，我

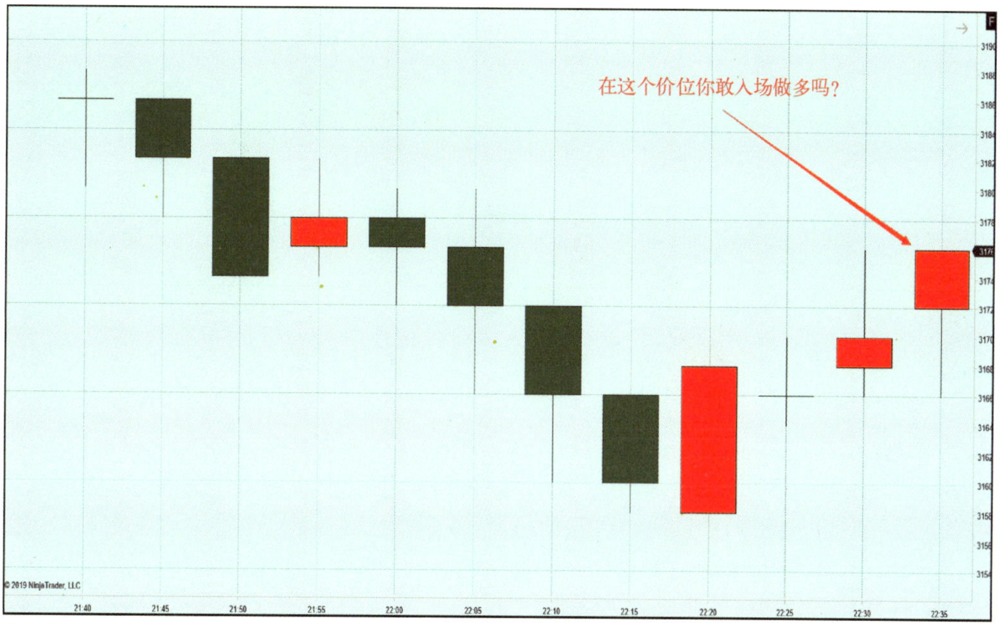

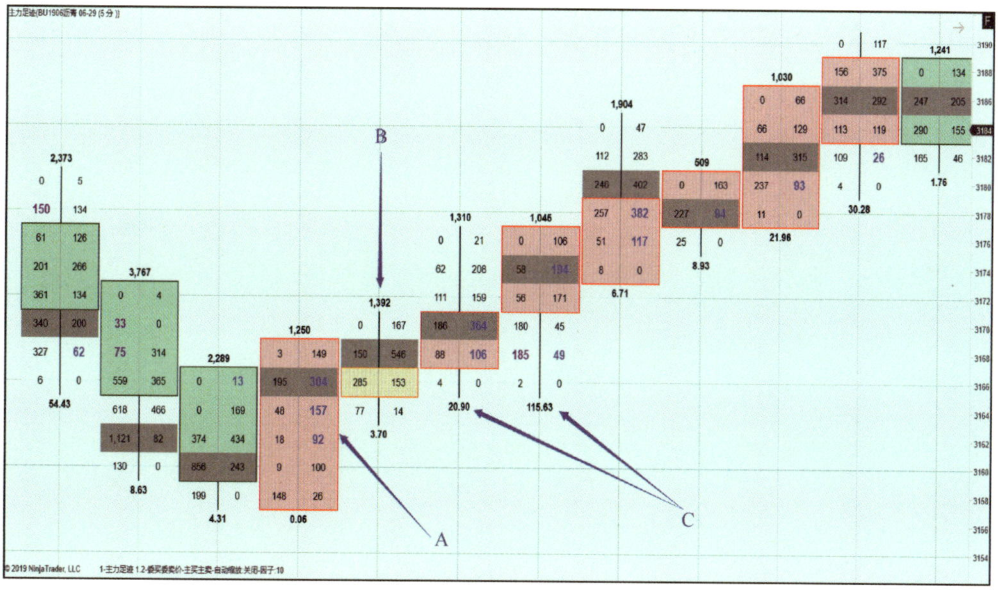

们可以入场做多。

上图的交易机会我们只能通过订单流发现，普通的K线图是无法达到这种效果的，深入K线内部，了解市场真正在发生什么，供需两方的战争是无休止的，当一方已经开始明显占领优势的时候，也就是我们要加入他们队伍的时候。

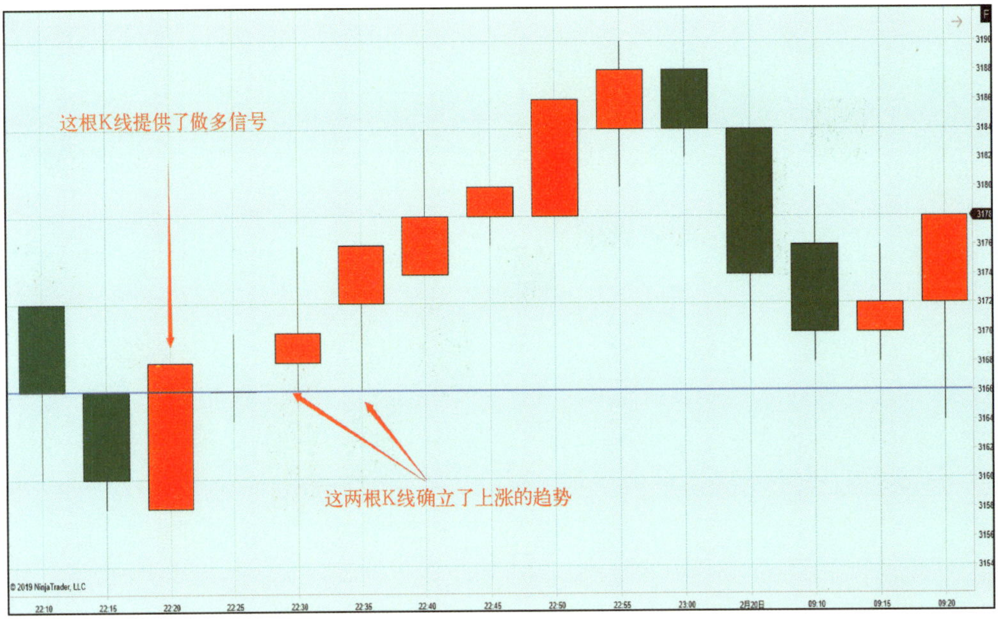

我很喜欢观察这些细微的供需信号，它给我提供了低风险的入场点，因为我能清楚地知道价格达到什么地方是我该平仓的时候，不坚决按照既定的资金管理计划进行操作是导致失败的最大原因之一。

绝佳的交易机会并不是经常发生，有些日子有那么一两次，而有些日子则一次都没有。

用订单流交易的一个缺点就是如果做日内交易，相比于其他的技术分析方法要花费更多的时间，不过这取决于你使用的时间周期，如果你用长周期的图表看走势，就不会花大量的时间。

我们不应该纠结那些似是而非的交易机会，而要把所有的精力放在可以完美的达到我们交易条件的机会。

市场每天的走势都是不同的，有的时候会在一段震荡走势后开启一波大的趋势，有的时候价格一整日都往一个方向走，但大多数时间都处在区间交易。或许有些交易日比平常更具有挑战性，但只要坚持我们的方法，都能获得不错的收益。

说到这个地步你应该理解了吧——怎样直观、深入地捕捉这些潜在的交易机会。

有一个重点是订单流交易方法并不是精确的科学理论，我们在交易中仍然要学会灵活变通，紧盯市场形势。

第一眼看起来，用订单流和主力足迹似乎很辛苦，随着经验的积累，你会越来越习惯于看订单流图表，你交易的成功率也会越来越高。

成功的交易者都是耐心且自律的，要想成功先练习心态，养成耐心和自律的习惯。你肯定会问我为什么耐心扮演了如此重要的角色？或许你可以比较机构交易者和个人交易者在交易操作上的区别。总体来说，个人投资者持有亏损头寸的时间比机构要短很多，因为他们的交易有更高的杠杆，因此会面临财务上的压力，他们无法承担过多的亏损头寸。

要记住，成功的交易者总是会在掌握概率优势的情况下交易，而他们交易的唯一目的就是获利。他们不会因为市场开盘了或者为了执行交易操作而开始一次交易，他们有着铁一般的纪律。

静静地等待合适的交易机会的到来，向市场索取你应得的部分，毕竟这就是交易的真谛。

千万不要高兴得太早，要记住这些交易机会虽然令人印象深刻，但绝非传说中的圣杯。订单流最好的地方在于，它有自己内在的止损逻辑，而我们的止损单通常放在入场 K 线的最高点或者最低点，充当最后一层保险的角色。

订单流应用实例

下面我会列举一些我定义的交易机会，发现它们都需要订单流图表的辅助。因为我主要以期货交易为主，所以下面的例子都是以期货市场为例。当然，在不缺乏流动性的中国市场，订单流图表在股票和ETF的交易中也能发挥重要的作用。由于我主要从事短线交易，所以下面的例子都属于日内交易范畴。我相信每个投资者都有属于自己的最舒适的交易体系，你的交易方法肯定和我的有出入，你考虑问题的过程也与我有别。

本章的目的不是给你一个交易的铁律，而是给你一个将订单流应用于交易的概念，相信你在了解了这些例子后，会对订单流有一个更详细的认识。

下面几类交易信号是我寻找的目标。

1. 我总是在接近顶部或者底部的区域寻找微单，如果价格之前创了新高，当下跌回调再次尝试上涨时，如果顶部出现微单，同时价格无法突破前期高点，说明价格已经上涨乏力，我认为这是绝佳的做空机会。相同的，如果价格之前创了新低，当价格反弹后再次尝试下跌，底部出现微单并且未突破前期低点，我认为这属于下跌乏力，是做多的机会。微单的多空成交量比应该至少大于28。对我而言，底部的主动卖单是5，而上一档价位主动卖单是2，这种成交量模式我并不感兴趣，我希望看到的是力量的衰竭，并非单纯的低成交量。

2. 顶部或底部出现大量被动交易者。这种现象叫做大单，它表示顶部的主动买单大于低一档价位的主动买单，或者底部的主动卖单大于高一档价位的主动卖单。

3. 出现在顶部的供应失衡以及出现在底部的需求失衡，Ninjatrader8有自动识别这种信号的功能，如果还有别的信号一起出现，比如之前价格触底时已经出现微单或者大单，就让这个信号得到了确认，我喜欢看到顶部被套多头交易者或者底部被套空头交易者的出现，这代表交易机会的来临。大单关注的是顶端两个价位的相对成交量比值，而被套交易者的出现关注的是顶端成交量绝对值的放大，这两个现象也可以同时出现，例如下图中红色箭头处底部1167的成交量明显大于上一档的585，我通常用0.699的比率，也就是第二档的价格与第一档价格的比值要低于0.699，同时1167成交量也比其他价位都要明显放大，这表示有资金入场提供支撑，从这个细节我们就能观察到主力资金的动向。

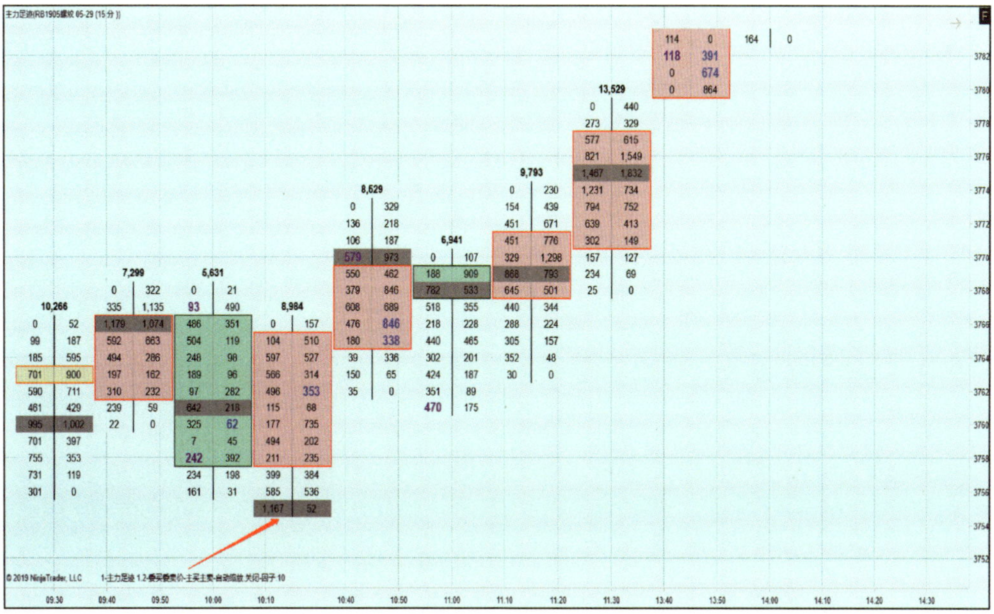

4. 订单流背离。订单流背离和其他的背离现象不太一样，订单流背离的特殊之处在于，我们只能将其当做一个参考，还需要通过别的交易信号进行确认。对于看涨的背离，我们需要走势创造一个相对更低的价格，有正数的Delta值，并且收一根阳线。对于看跌的背离，我们要求价格创新高，有负数的Delta值，收盘价低于开盘价。大多数人对背离信号的定义只需要价格创造新高，并且有负数的Delta值；或者价格创造新低，但有正数的Delta值即可。而当我们加入了收盘价与开盘价的相对关系作为条件的时候，就过滤了很大一部分的错误信号，比如遇到吸收的情况。对于震荡交易的走势，我们还要注意它的整体价格走势。

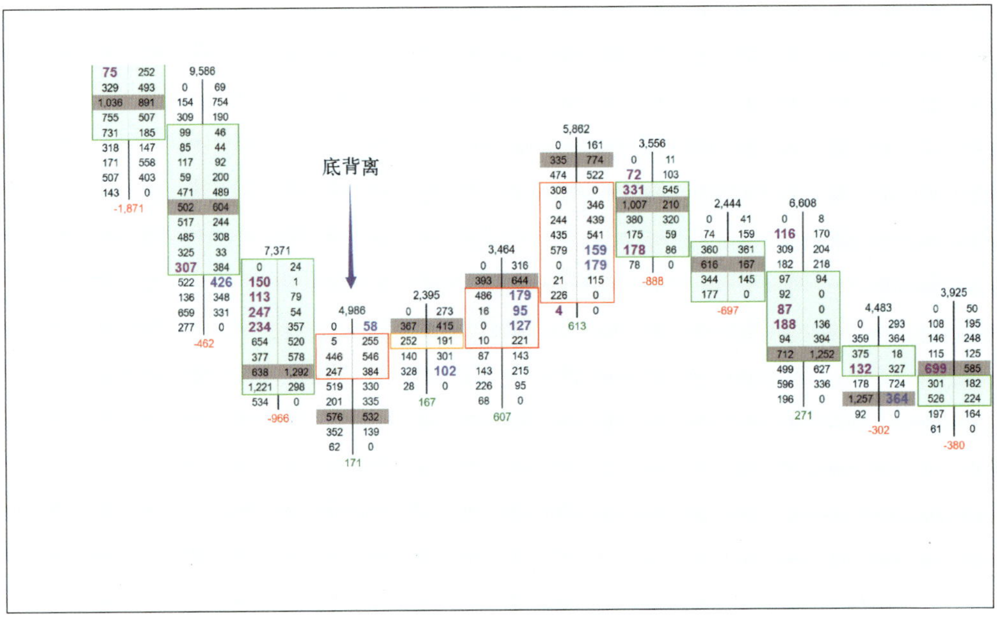

下图展示了两个顶背离信号，相比于前一个K线创了新高，但是K线实体为阴线，并且Delta为负，这两个信号均产生了一波小级别下跌。

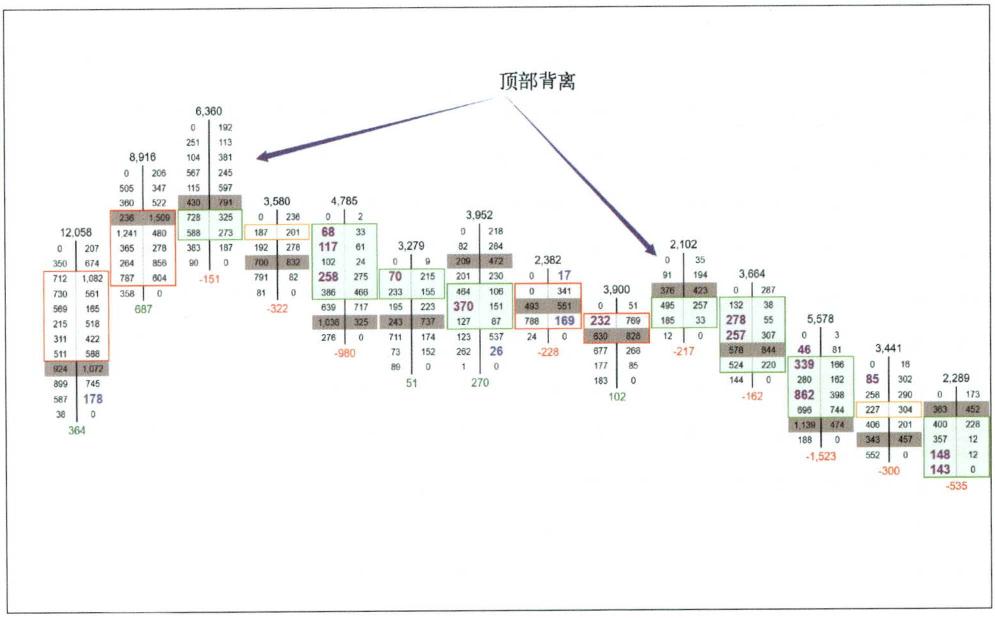

现在让我们看更多交易信号的例子，训练自己以便于更好地辨认它们，应用于实践。交易信号就像雪花，没有两个是完全相同的。

第一个图表是我所说的顶部放量，订单流软件中的一个功能是，对于下跌的 K 线，会取最底部两个主动卖单量相除，对于上涨的 K 线，会取最顶部的两个主动买单量相除，得到一个比率，这个比率有利于我们判断大单和微单。

下面我们讲一下大单和微单的理论基础。假设一根 K 线代表价格的一次运动，运动是需要消耗能量的，而顶部和底部是在某个时间内价格能达到的最远的距离。举个例子，价格在向顶部运动，主动买单量的成交量代表着主动推动价格走高的能量，对于一个健康走势来说，成交量分布会比较均衡，如果顶部出现微单，说明在顶部价格已经消耗了所有的能量，走到了尽头。如果出现大单呢？本来一根 K 线内越靠近顶部成交量应该有递减的趋势，但是顶部成交量的相对放大说明这个量是来自主力交易者，有人在这个价位阻止了价格的上涨。

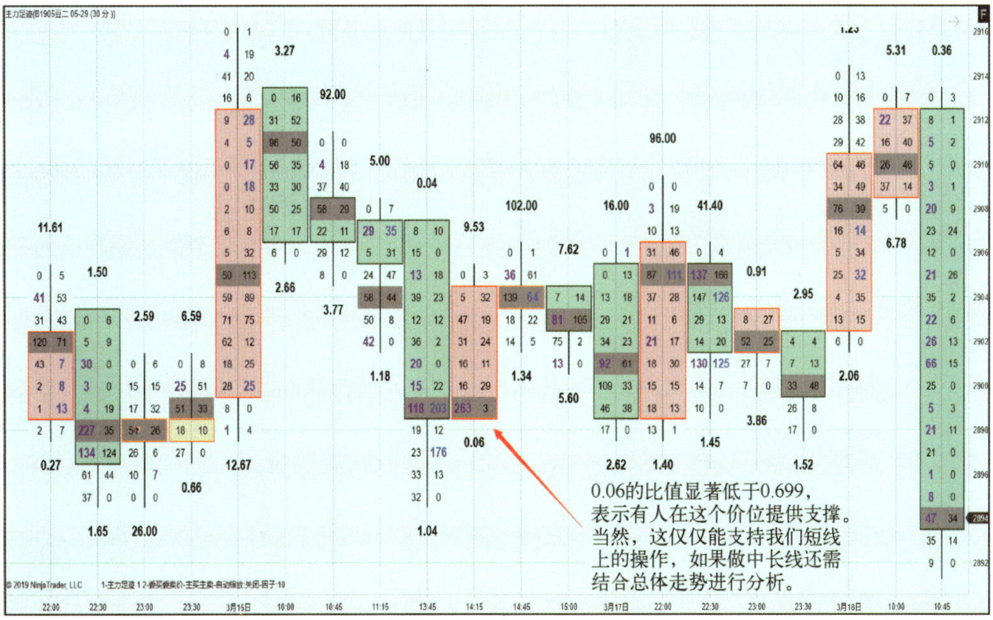

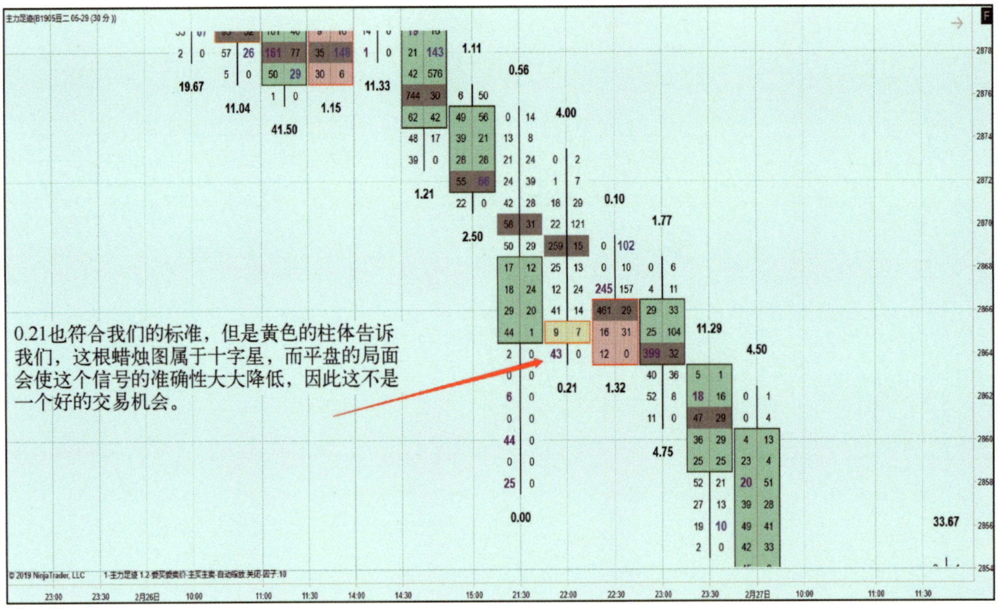

对于大单我通常将比例设置为 0.699 或者更低，理想的状态下应该小于 0.5，这说明顶部的主动买单已经是低一档价位的两倍了。然而，这并不是铁定的，我并不是说只是低于 0.5 才说明出现大单，我也会考虑在 0.5~0.699 之间的比率，并且会将成交量的绝对数值也纳入考虑范畴。如果有个比率是 0.2，看起来似乎很不错，但是成交量数额是 1∶5，这就很难令人信服，这也是我无法将这套方法进行程序化交易的原因，我喜欢观察市场的潮涨潮落，我是斯杀在市场中的交易员，不是 IT 码农。

下一张图展示了顶部的微单信号。

Ninjatrader8 的图表插件能自动绘制上涨或下跌末端的成交量对比，我们给自己设定的阈值是 28，用比率数体现一方力量的枯竭，理想的情况下数值越大，说明信号越强。

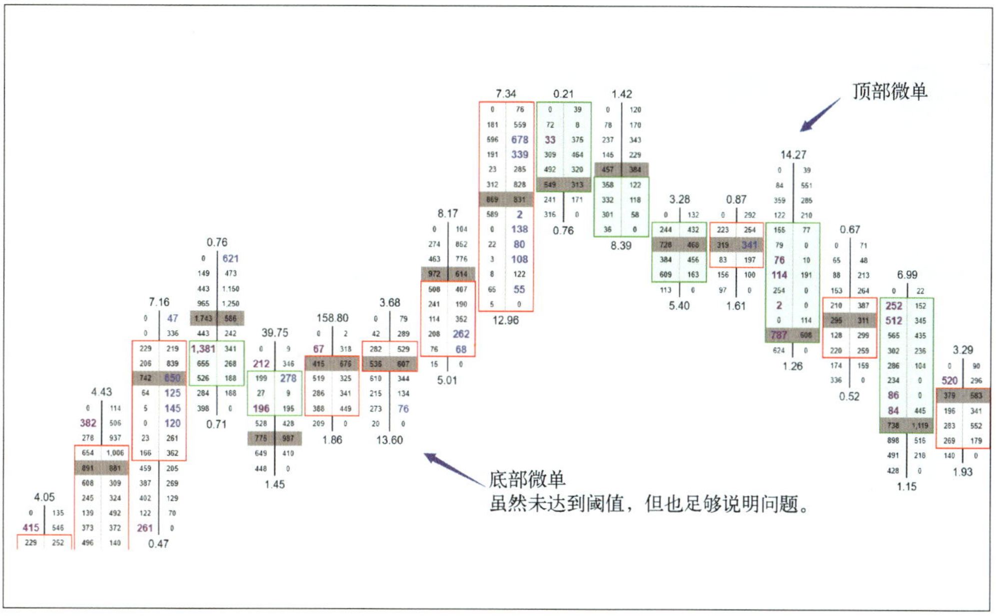
顶部微单
底部微单
虽然未达到阈值，但也足够说明问题。

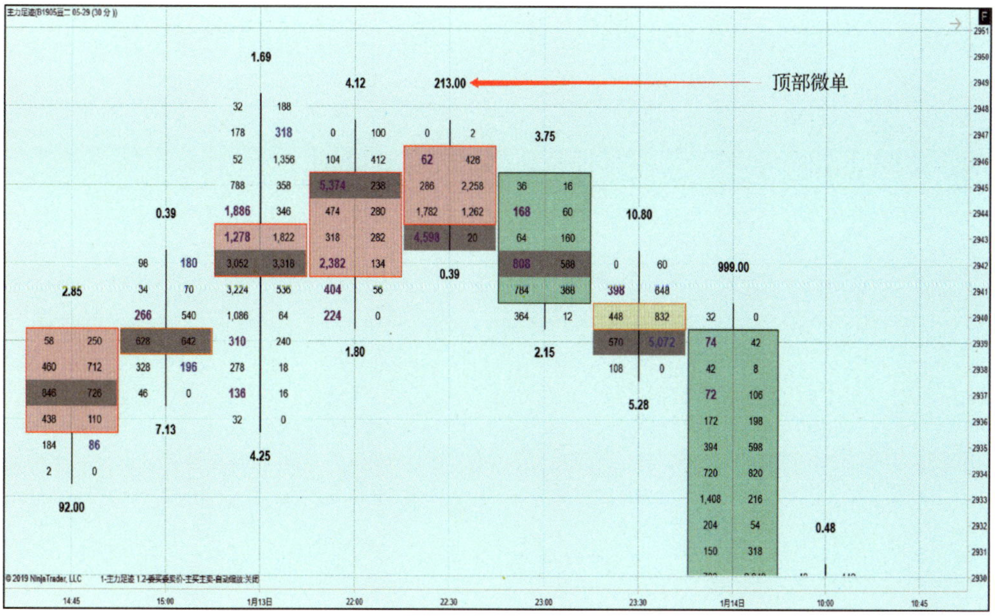
顶部微单

上页第二幅图顶部出现微单，简直是一个里氏十级大地震，数值是213，当我看到这种形态出现的时候，我会毫不犹豫地下空单。市场在这个价位竟然没有第3个人想在这个价位买，或许是某个程序交易机器买了一手试探一下有没有止损单。要知道在之前相同的位置可是有318手订单啊，而且这是30分钟的K线图表，当价格再一次回升到相同价位的时候，只有两个多头对该价位感兴趣了。

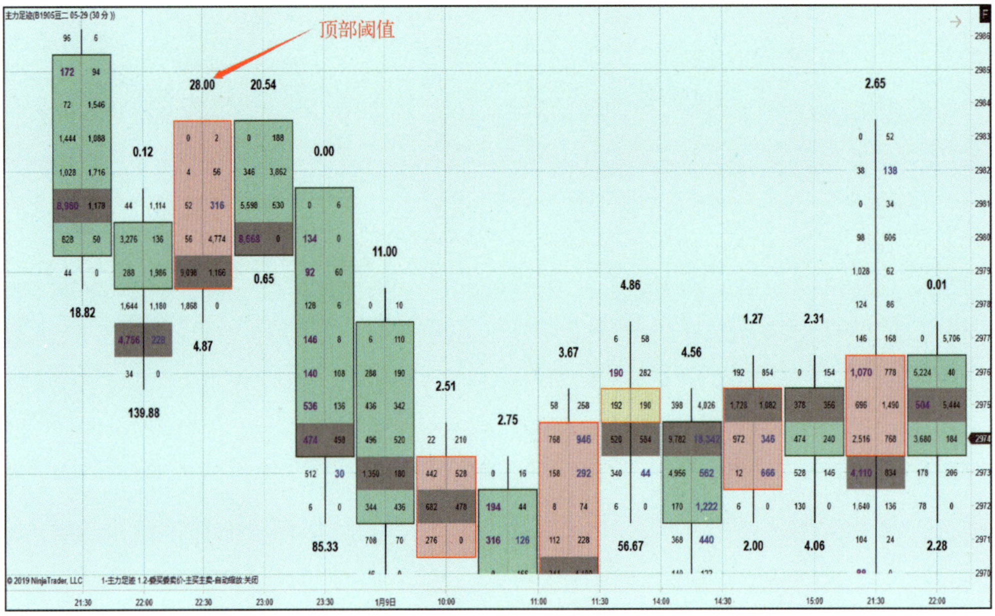

只有运用订单流的人才能识别这个交易机会，除此以外世界上的所有人都不会看到这个交易机会，他们只是单纯地看到了一根阳线的回调。

在下页图中，有两个交易信号同时出现，分别是被套空头交易者和微单。很巧，两个信号同时出现，这让我对这次的交易决策更有信心了。首先底部出现了8442手卖单，这个信息犹如一个核弹，因为相比之前价位这个成交量绝对算是巨大的，无疑这是属于主力的行为，有人在这个价格接住了所有抛向市场的卖单，最低档的成交量为26，底部比率为324，远大于我们设定的28，说明所有抛向市场的筹码全部被主力接住，并且上涨过程中还出现了需求失衡，主动吸收卖单，这都说明是主力资金强势介入的信号，我们应该毫不犹豫地做多。

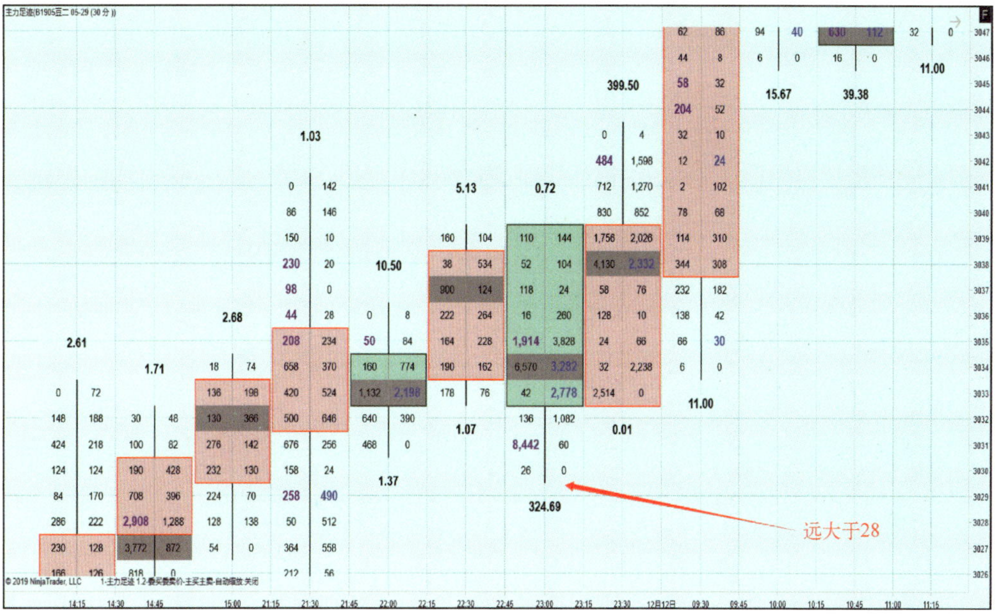

我认为作为一个交易员，识别图表信号是一项必备的技能，我们必须适应市场的情况，毕竟人脑才是最强大的人工智能。并不是只要信号出现就意味着非得要交易，如果成交量或者市场环境不合适，那我们可以选择放弃。

下面让我们看看背离的信号，我以前交易遇到的一个问题，当市场持续上涨的过程中会出现很多的背离信号，经过总结以后我得出结论，上涨过程中背离必须伴随以阴线收盘，或者下跌过程中伴随阳线收盘，才能说明是对背离的确认。

这种交易信号的好处在于，它提供了绝佳的低风险入场点，我们可以将止损单放在最高点之上，或者最低点之下，而止损被打掉的概率极低。然而，正如你所看到的，我们可以根据这种信号抓住一波漂亮的涨势，但同时我们也可能会陷入一种逛街式的震荡市中。

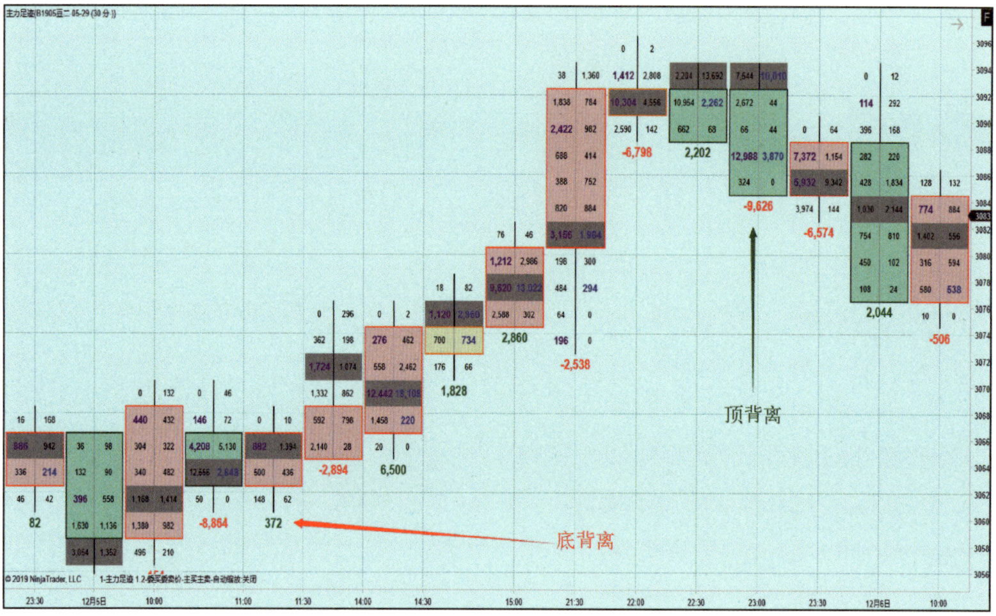

订单流的背离信号抓取能力是非常强大的，因为它经常出现在日内的高低点，如果主力资金看多市场，他们会在区间底部提供支撑；如果主力资金看空市场，他们会在顶部出货，从而阻止价格的上涨。

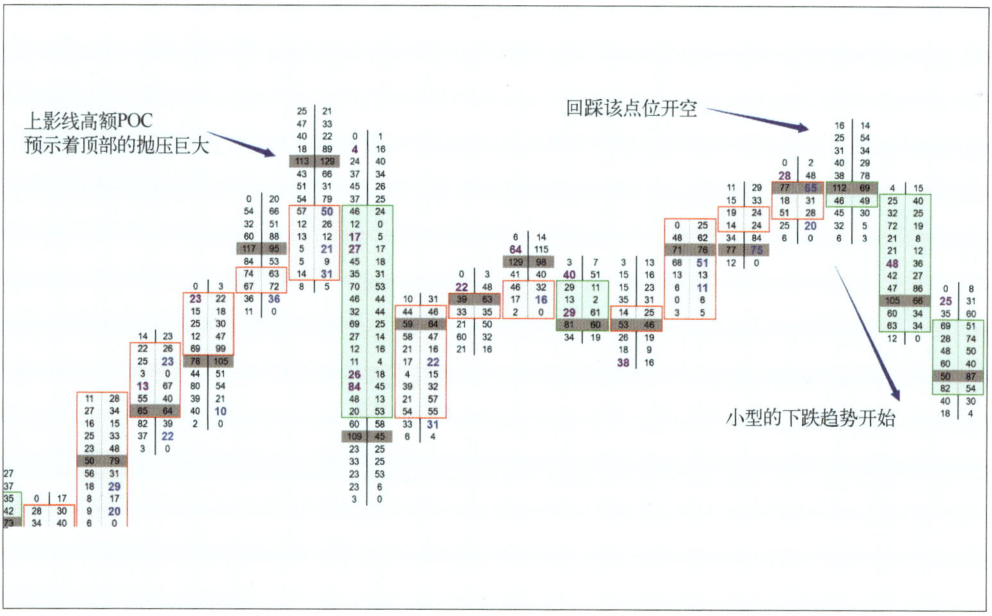

回踩高量 POC 是个简洁有效的策略，如上图所示，箭头处的长影线顶部有个比较明显的 POC，说明在这个位置有大量的套牢资金，随后价格迅速下跌，空头力量强势，我们等待价格反弹到 POC 区域开空，期待空头力量再次出现，止损只需要放在 POC 之上几个点，这是个低风险高收益的入场点。

大功告成

不论你是什么类型的交易者，市场总有一些相通的地方，而这最终决定了你能否获利。市面上有很多的视频、网站、书籍，培训课程等资源承诺能帮助你快速成为一名成功的投资者，而我现在就可以告诉你，没有一套简单的教条式理论能让你持续地战胜这个市场，市场变幻无常，驱动市场变化的因子是不断轮动的。当然这也不是什么堪比登天的任务，只是需要一些耐心和练习，才能成为一名出色的交易员。

学习订单流可以让你掌握那些反复出现过的模式，尽管趋势中间会出现数次的回调震荡，但整体上无非上涨、下跌两种。当你确定了一段趋势的时候，一定要抓住它，如果出现了趋势转向的苗头，立即平仓，并为反向开仓做好准备，逆势交易犹如逆水行舟。

当你学会了倾听市场的心跳，你就会看到一个个反映供需力量的信号浮现在你眼前。不过大多数的时间，市场是没有任何信息的，要学会让市场指导你的交易。

交易的世界无绝对，不论基本面还是技术面，没什么是亘古不变的，有很多不稳定的因素会引起价格的短期波动。期权套期保值、资产配置、对冲风险、美联储官员的演讲等，这一切都会影响你的利润，有了订单流，我们可以察觉到市场中正在发生的一切，并对发生的一切快速地做出反应。

不论用什么方法交易，最终不过是买入点和卖出点的选择，没有什么规则是绝对正确的。而知道如何理解订单流是非常宝贵的，这能最小化我们的损失并且赚取更多的利润。

练习，练习，练习。找到大量的走势图进行练习，判断什么时候市场开始反转，什么时候供需力量出现并开始推动趋势的进行。伟大的运动员少不了日复一日的练习，像贝克汉姆和罗纳尔多等人，他们在球场的任何点位都进行了超过 100 次的射门练习，所以当他们出现在比赛场上时，他们已经对如何射门烂熟于心，他们不会产生压力，因为他们知道该做什么。

当你读完了这本书，你会觉得自己已经可以用订单流开始赚钱了。你或许能够做到，因为你已经掌握了订单流的精髓，但这并不代表你可以纵身一跃进入市场，随随便便地开始交易日进斗金。你还需要先练习，学会阅读实时的图表，学会决定何时入场、何时出场，这确实需要练习，直到这种能力成为一种条件反射。

将订单发送到交易所系统的过程似乎没那么重要，但是人总有犯错的时候，比如选错了价格、数量，或者直接反向开仓等，学会自己下单，这会对你的未来大有裨益。错误是需要付出代价的，如果你因为失误开启了一个头寸，毫不犹豫地平仓，不要抱有侥幸心理，因为情况只会越来越糟，我们只能汲取教训，保证下不为例。

千真万确，唯一培养交易直觉的方法就是练习，当你已经有丰富的实盘交易经验，找到过大量的交易信号后，你会对市场有更深刻的认识。这本书只是教给你订单流的知识，但是将知识转化为技能，需要你自己踏上孤独的修行之路。

恭喜你读到了最后，希望这不是你的结束，而是你的开始——你运用订单流进行交易的开始。现在是时候将理论运用于实战了，看图表、练习、做交易，只是简单地读书并不能让你成为出色的交易员。

或许很多人会将这本书当作一本指导手册，至少我希望你会。这并不意味着每个人都会以同样的方式运用订单流，可能你只是会选取其中的一小部分来构建你的交易体系，每个人都有自己的交易性格和风险承受能力。

许多人读完后会千方百计地告诉我，你对订单流的理解是错的，或者订单流确实很不错，但没有那么重要。我没什么意见，我不需要任何人认同我对市场的看法，毕竟交易本就是一场孤独的修行。

祝你交易愉快！